杜甫像　范曾书画　新密杜氏祠堂石刻碑记

杜公赞

杜甫，你伫立西阁，俯仰吟哦，你的声调，这样凄恻，这样悲凉。

你一身素白的衣衫，莫非是厕身天地之间，像白鸥一样孤独，一样彷徨。

那五更的鼓角，在寒风中呜咽；那三峡的星河，在乌云里潜藏。

啊，宫阙长满了野草，战场上奔突着饥饿的豺狼。

黎民啊，辗转在沟壑，茫茫的人流从陇右向蜀中，在寒风中逃荒。

杜甫，再不见你骑着骏马，追逐狡兔；再不见你举着杯美酒流芳；不见你五陵豪兴，裘马轻狂。

你看透了帝王的昏聩，朝政的荒唐；你看到了朱门酒肉已经酸臭，路旁的饿殍正在冻僵。

州的月色啊，夜夜惨黄。思念你的夫人早已去世，爱子也在饥饿中夭亡。

远去了，少年的梦境，你曾想致君尧舜整顿朝纲；想不到，残杯冷炙，磨尽了豪情壮怀，带给了你辛酸悲怆。

杜甫啊，走吧，离开了喧嚣的长安。但是你的梦境里，巫峡变成了华岳，蜀江化作了黄河浊浪。他乡的寂寞如永夜的孤月，凄苦的游踪如片云在天边飘荡。行路难啊，行路难，这道路上布满蒺藜，到处故障，你只有乘着一叶小舟，从三峡走向荆湘。

你活着，无你的立锥之地；你死去，却只能由苇席蒿葬。

你留给天地间的不朽诗篇，却进入人类智慧的殿堂；这里，你是诗国的圣哲，诗坛的帝王。

你的诗篇，是永夜中的光亮，在人类的历史上将活得比谁都久长，一千三百年后，我们又在这里把你瞻仰，西阁下还是你咏叹过的夔门激浪。

但，时代已使大地山河更加雄壮，你，正应一展愁眉，放歌引吭。杜公啊，我们献上的是一瓣心香，献上的是真诚佳酿。

我们将永远永远记住，你挚烈的愿望，把神州大地变成真正的天堂。

范曾《杜公赞》

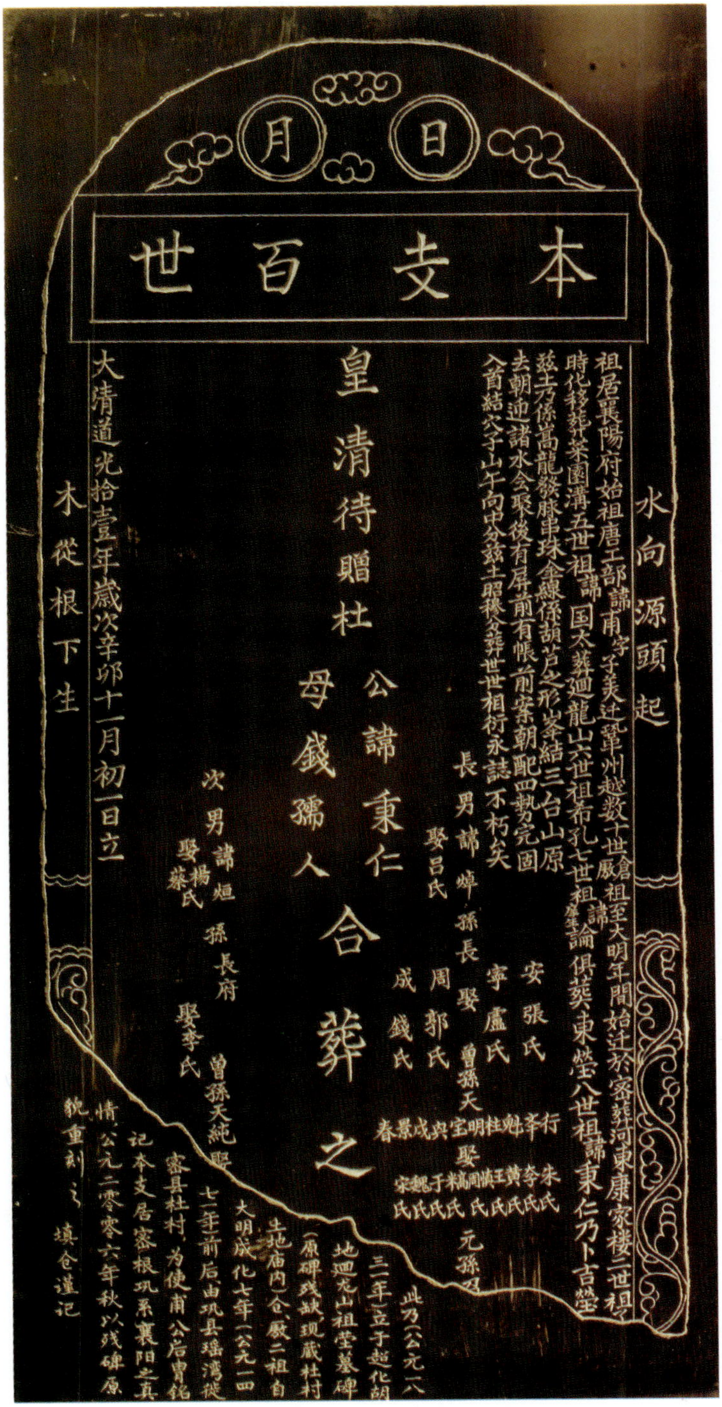

新密市杜氏老坟出土杜甫后裔墓碑文载

墓碑碑文复制　张明仁

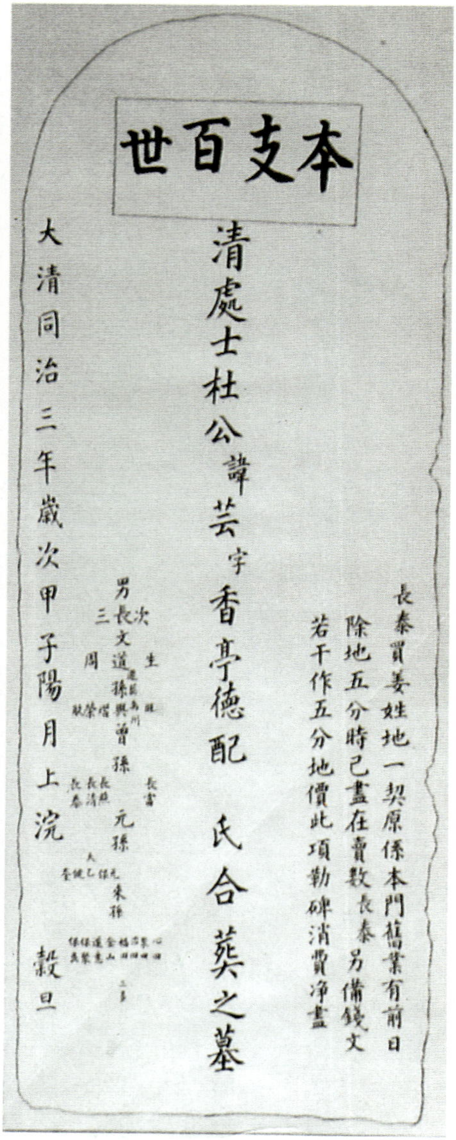

祖茔出土墓碑

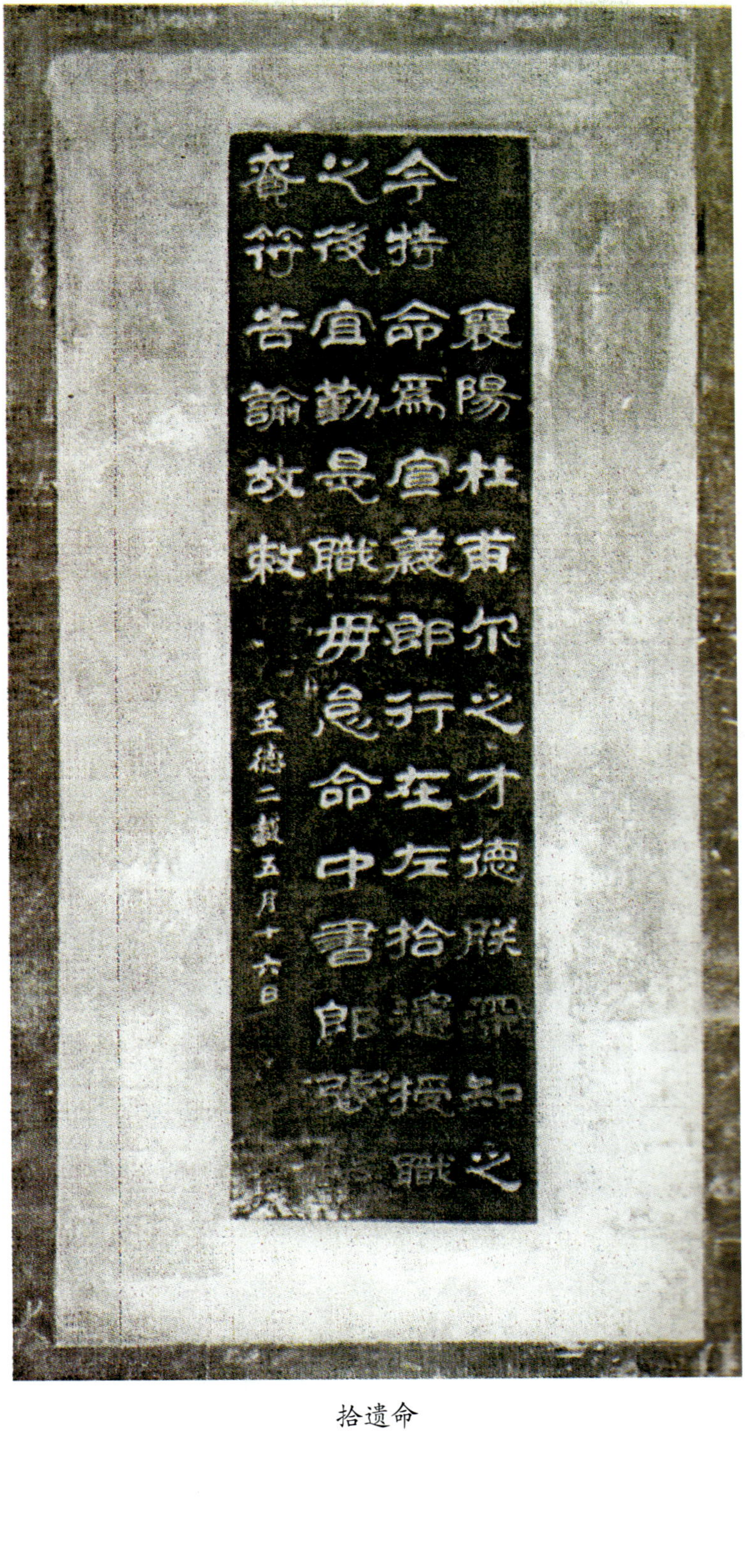
襄陽杜甫尔之才德朕深知之
今特命爲宣義郎行在左拾遺授職
之後宜勤是職毋怠命中書郎
奉行告諭故敕
至德二載五月十六日

拾遗命

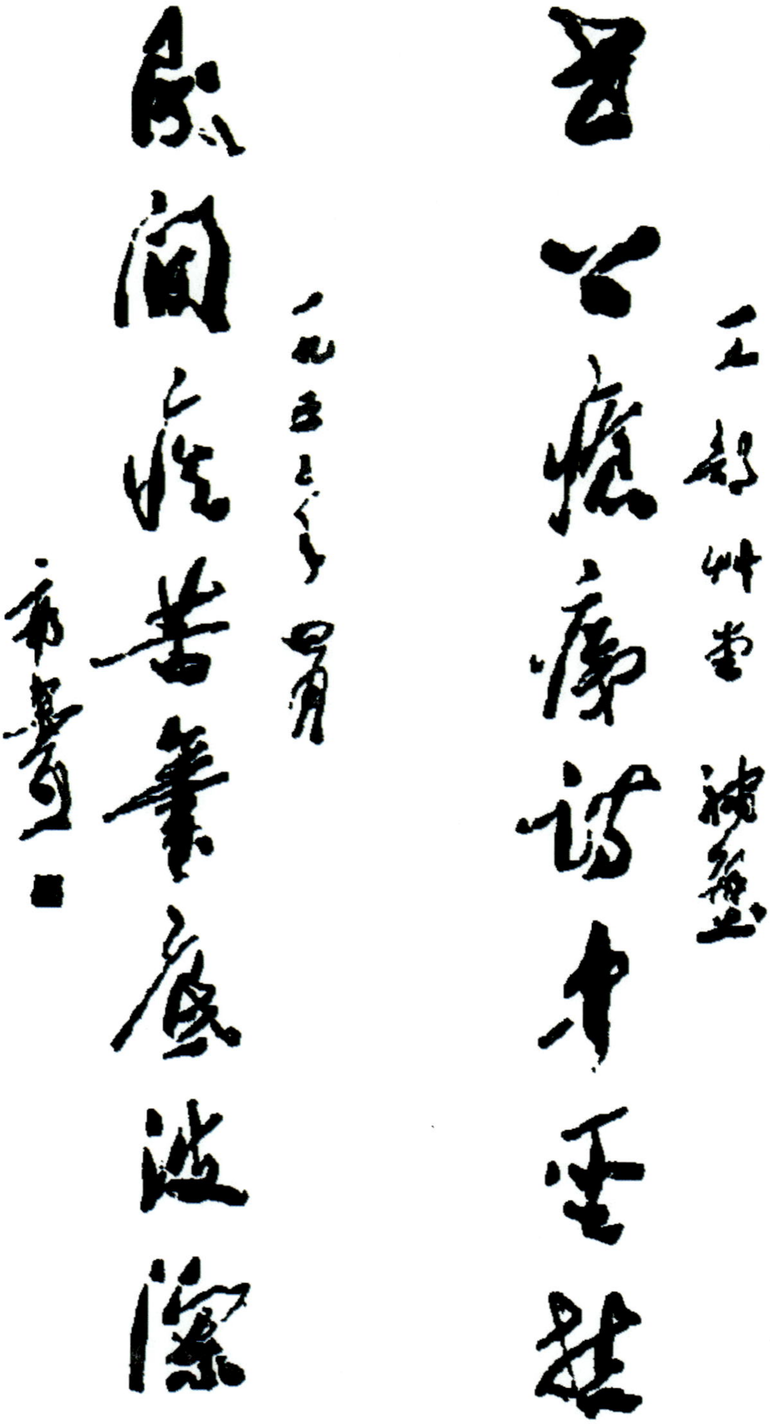

郭沫若咏杜甫联手迹

葛景春题词

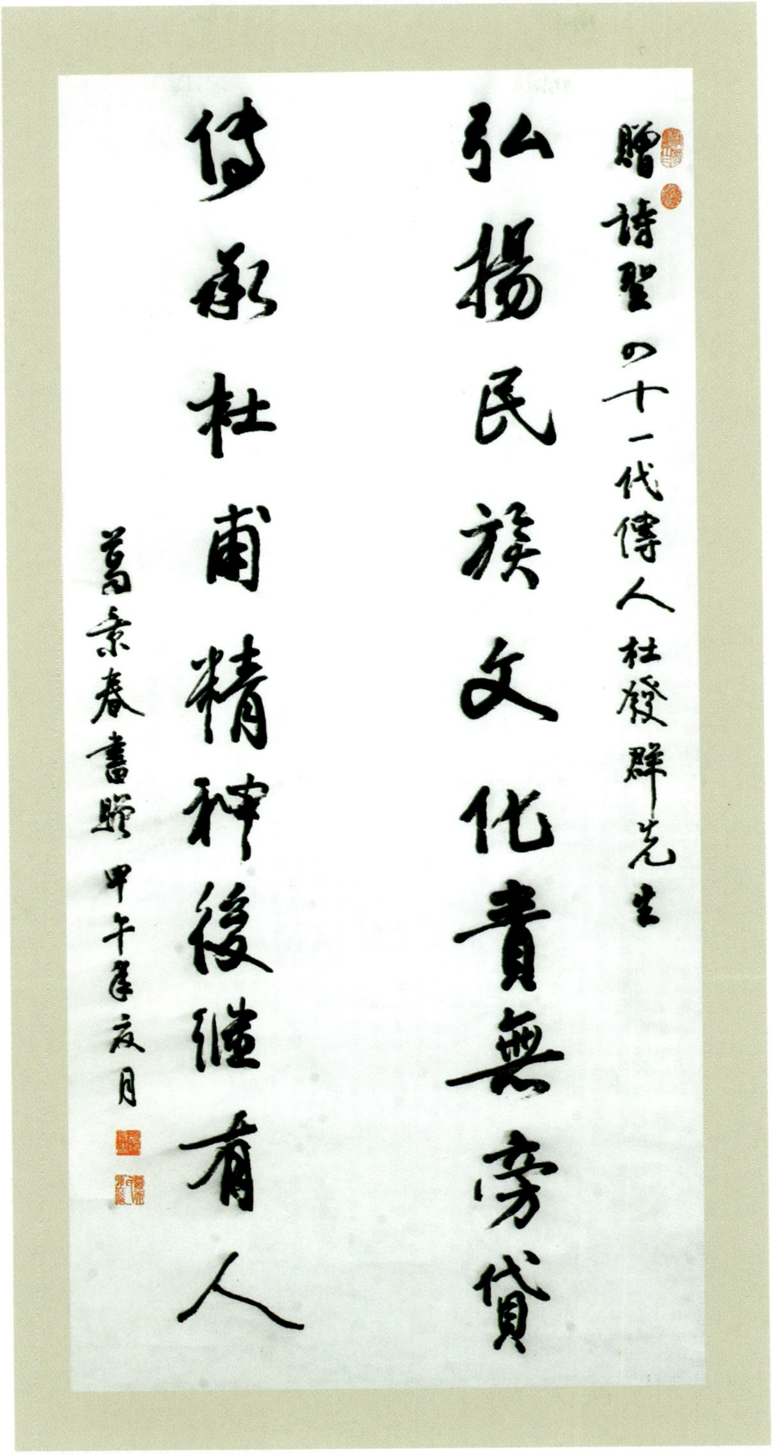

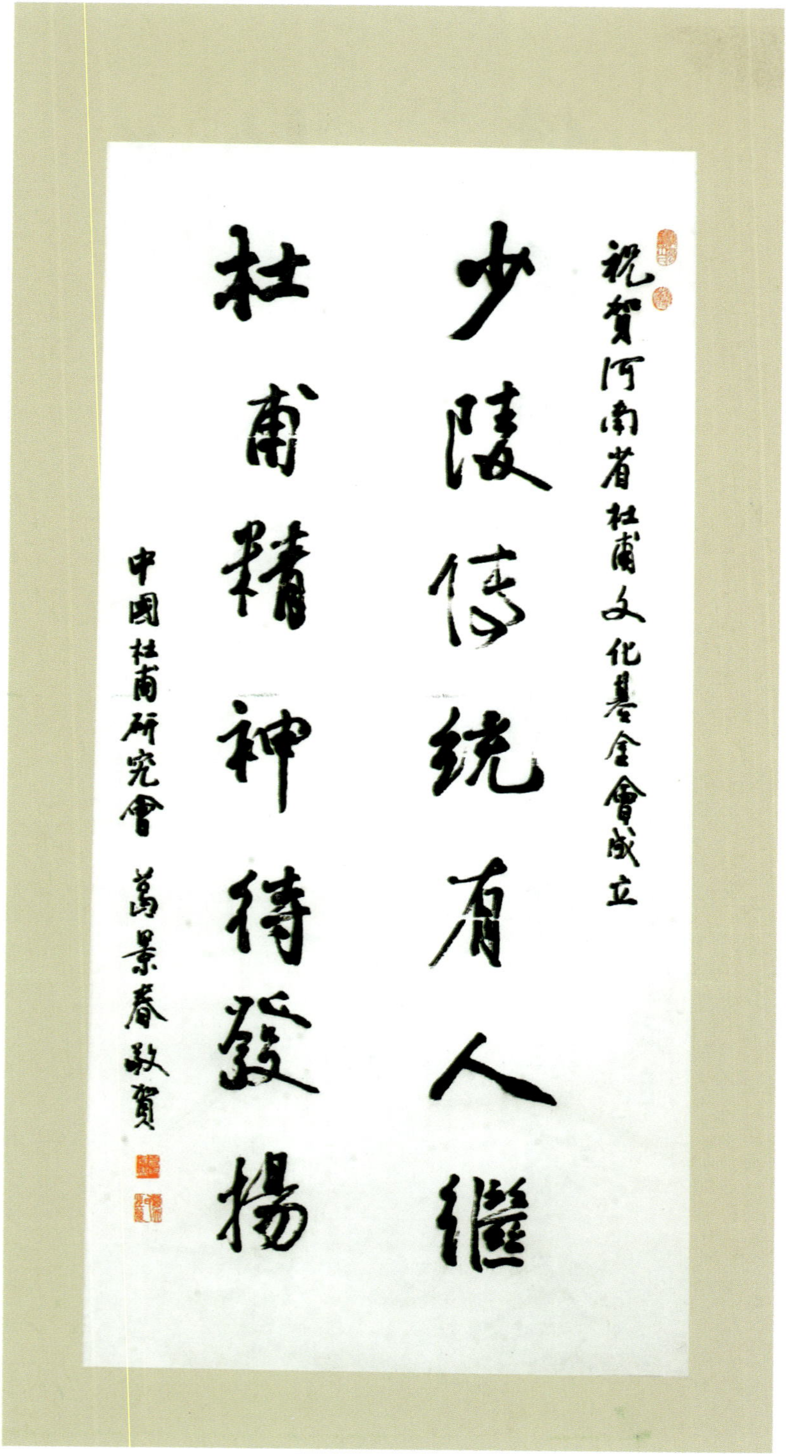

葛景春题词

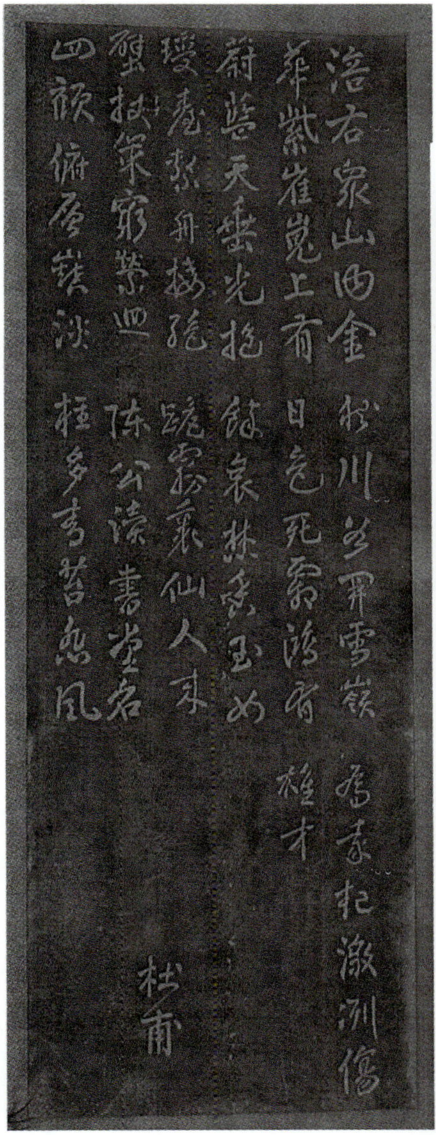
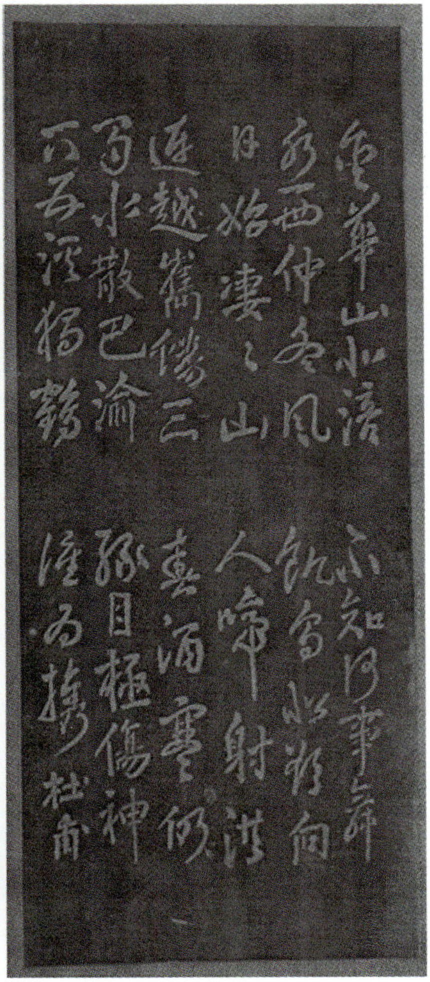

甫公手迹　来源于四川省射洪县

河南省新密市杜氏宗祠　外景

河南省新密市杜氏宗祠　内堂

中国美术家、书法家高苐棠画吾庐春秋图

河南省巩义市瑶湾村杜甫诞生窑

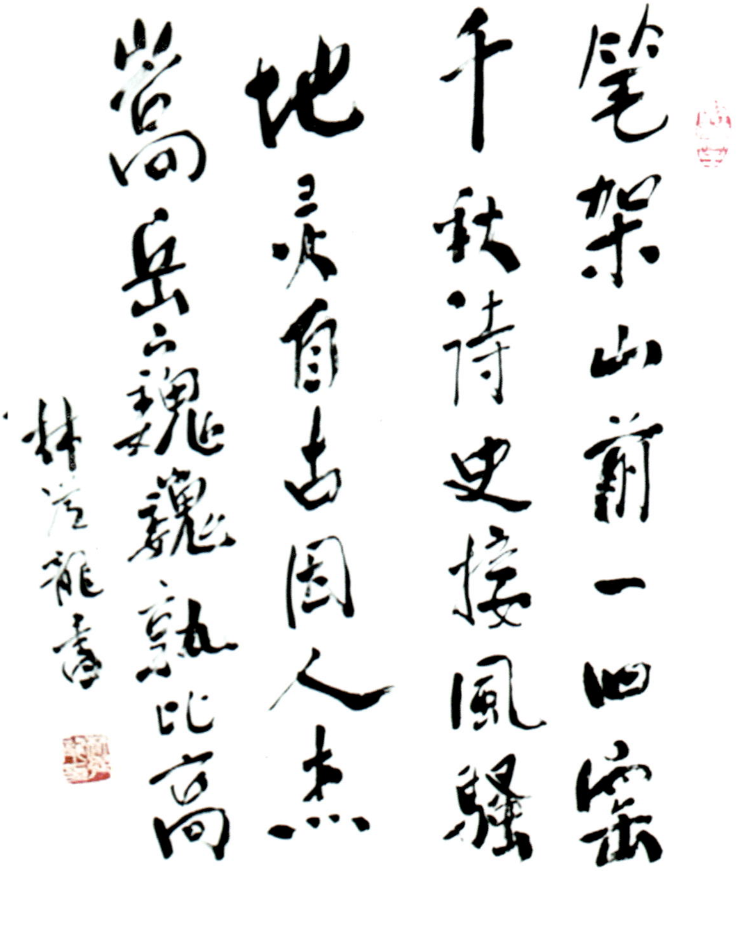

林从龙《笔架山诗》

吾庐春秋：杜氏溯源

编　著　杜填仓

河南大学出版社
·郑州·

图书在版编目(CIP)数据

吾庐春秋 ：杜氏溯源 / 杜填仓编著.——郑州：河南大学出版社，2015.3

ISBN 978-7-5649-1922-1

Ⅰ．①吾… Ⅱ．①杜… Ⅲ．①杜甫(712～770)－家族－史料
Ⅳ．①K825.6

中国版本图书馆 CIP 数据核字(2015)第 055661 号

责任编辑：陈　巧　胡　宁
责任校对：任苗霞
封面设计：吕佳莹

出　版　河南大学出版社
地址：郑州市郑东新区商务外环中华大厦 2401 号　　邮编：450046
电话：0371－86059712(高等教育出版分社)
0371－86059713(营销部)　　网址：www.hupress.com

排　版　郑州市今日文教印制有限公司
印　刷　河南安泰彩印有限公司

版　次	2015 年 4 月第 1 版	**印　次**	2015 年 4 月第 1 次印刷
开　本	710mm×1000mm　1/16	**印　张**	11
字　数	186 千字	**彩　插**	6
印　数	1－5000 册	**定　价**	49.00 元

目 录

序 一

杜甫第三十九代孙杜填仓先生为了搞清楚杜氏家族的来龙去脉，对杜氏姓氏源流和杜甫的世系研究下了多年工夫。在十多年前，他就利用业余时间，对杜甫一系的杜氏族谱进行搜集整理。为弄清杜甫的世系和行踪，他先后沿着杜甫的漂泊踪迹，对河南、山西、山东、河北、江苏、浙江、陕西、甘肃、四川、重庆、湖北、湖南等十多个省进行考察，写出了《杜甫世系考》一书。此书图文并茂，收集了杜甫的许多有关资料和图片，对杜甫的生平和行踪研究非常有价值。后来他觉得此书的研究还不够缜密，又经过七个春秋，对此书进行扩展和补充。在杜甫世系的基础上，对杜氏的源流进行了详细的考证。从周代的杜氏始祖杜伯开始，到民国时代杜甫的三十六世孙、杜伯的七十二代孙——两千六百多年的杜氏家族世系，进行了细致的研究。这是杜氏族谱研究的一个大工程，由杜填仓先生一人完成，命名为《吾庐春秋：杜氏溯源》，这不仅是对杜甫研究的突出贡献，也是对中国族谱文化的大贡献，实在可喜可贺。

此书的第一个亮点是对杜氏家族全程的考察。在中国，从先秦至今有系统族谱的只有孔氏、孟氏、颜氏等少数几家，而其他姓氏的族谱，大部分都是断续的，大都只能续到明末清初，十几代而已，再往上就很难续上了。有的即使能续得上，其族谱在从先秦或到元明时期的某个环节上也付之阙如，具体人名不详。而在杜甫一系的杜氏家谱上，过去也有某世某代不够清楚的地方，但经过杜填仓先生的努力，多方收集资料，精心考证，或已填补了空缺，或已辨明并纠正了其中的错误，这使杜甫（至明清仓、厫）一系的杜氏家谱，上至先秦下至民国之际，形成了一个系统有序、世系分明、没有缺环的完整谱系，这实在是一个了不起的成就。可以说，这在中国的族谱文化方面，取得了令人注目的成就。

第二个亮点是关于杜甫世系的一些问题，做了较详细的考辨。例如，杜甫是杜预的十三代孙而非十二代孙或十四代孙的问题。在诸家的杜甫世系表中，《元和姓纂》中将杜甫排为杜预的第十二代孙，而台湾郭辉通先生的杜甫世系表中却将杜甫排为杜预的第十四代孙。杜填仓先生认为，《元和姓纂》是从后来已散佚的明代《永乐大典》中辑出，或有残缺不全，是可能的。而郭表是因从杜预至杜甫的世系中多排了一代，故有此误。而杜甫文中自认的十三代孙是不会有误的。

又如，杜甫的二世祖为谁的问题。多位杜甫研究学者，对杜甫的二世祖是杜耽还是杜尹的问题，或采取杜耽和杜尹并列之说，或认为是杜尹，经杜填仓先生的详细考证，杜甫的二世祖确认为杜耽而非杜尹。

再如，对杜甫之父杜闲卒年的考证。本书认为，杜甫在写《祭远祖当阳君文》（此文写于开元二十九年清明节的前一两天）之前，已在偃师土娄庄杜氏祖坟筑土室为父守墓，因此认为杜闲应卒于此之前，即开元二十八年至二十九年之间。这个结论与陈冠明、孙愫婷《杜甫亲眷交游行年考》据引洪业《我怎样写杜甫》推测杜闲死于开元二十八年，姜海宽《杜甫年谱》中引《巩县杜氏谱记》所说杜闲卒于开元二十八年的结论相接近，这个说法是比较可信的。

此外，对杜闲的最后官职为奉天令的考证。本书认为杜闲的最终官职为奉天令，而非兖州司马。这是根据元稹为杜甫所写的墓系铭得出，其中记载“闲为奉天令”。按照通常墓志记载，或记其最高官职，或记其最后官职，而元稹所记为其最后的官职。按道理，杜闲应先为奉天令，奉天县为京兆畿县，是正六品上；后为兖州司马，兖州在唐代是上州，州司马是从五品下。从一般的情况来看，官职应是低的在前，高的在后。但也不尽然，故杜闲终于奉天令的说法，也可备一说。这些研究成果，对杜甫研究是有贡献的，也是十分难得的。

总之，杜填仓先生为写此书先后花费了十多年工夫，不但做了大量的资料搜集、排比和梳理等工作，而且做了相当细致的研究和考证，所取得的成果是难能可贵和令人注目的。这不仅是杜氏族谱和杜甫世系研究的新成果，也是对中国传统文化和杜甫精神的发扬光大，故乐之为序。

葛景春
2014 年 12 月 20 日

（作者为河南省社会科学院研究员、郑州大学兼职教授、河北大学博士生导师，中国杜甫研究会副会长）

序二：杜姓世系源流考

杜氏最早产生于炎黄时期，黄帝大臣杜作乘马。尧舜禹时期杜氏聚集地为国，代表人物是禹王七大臣之一的杜子业。夏朝初期，杜氏代表人物是担任司马官职的相土，也作相杜。该支杜氏是帝喾及其子契的后裔，契为殷祖。夏朝前期，杜氏代表人物有杜康和杜杼父子，杜康造酒，杜杼造醋。该支杜氏是帝颛顼及其孙帝禹的后裔。夏朝后期，杜氏代表人物是帝孔甲时跟董氏学养龙的御龙氏刘累。刘累的祖先是尧舜时期的陶唐氏，刘累的后裔在周朝改姓杜。该支杜氏与刘氏的族谱在夏商周基本上一致，并构成当今杜氏的主体。所以一般的说法是杜氏在尧舜时期为陶唐氏，在夏时期为御龙氏。该支杜氏是帝喾及其子帝尧的后裔。商朝杜氏代表人物有杜元铣，被暴君纣王所杀。商朝杜氏中有一支是豨韦屏蓬之子杜萧燕的后裔，该支杜氏也是陶唐氏的后裔。① 在南方杜氏中，蜀国杜氏和楚国杜氏都是陆终的后裔。

一、周朝以前的杜氏起源

杜氏在黄帝时就已经产生，黄帝时制造的马车就是杜氏发明的，《荀子》及《吕氏春秋》皆云“杜作乘马”。与黄帝同时之杜氏至少起源于末代神农炎帝时期。《吕氏春秋》又云“乘雅作驾”，杜作乘马后，乘雅造小车之轨，辕端上曲钩衡以驾马。在古代，司马官与司车官都是有专业技术的官职，一般都是世代祖传。《淮南子》云，奚仲尧时为车正。《左传》注，奚仲为夏掌车服大夫。奚仲官差至夏成定制。

从黄帝时杜作乘马，至禹王时相土四马驾车，再至夏朝置司马官职，马之于上古极为重要。司马官职起源于杜氏。《尚书》疏引王肃云，相土在夏为司马之职，掌征伐。相土发明四马驾车，提高了马车的运输能力和作战能力。齐诗作“自杜沮漆”，韩诗作“彻彼桑杜”，讲的都是上古杜氏。夏朝杜氏有一支源于相土。杜作乘马之杜氏的司马一职，到相土时由相土担任。相

---

① 豨韦氏最早是约公元前 5771 年至公元前 5070 年间产生的姓氏，属于伏羲太昊时期的古老姓氏。

土在夏为司马之职。杨倞《荀子注》以及郑康成《周礼注》的说法是相土作乘马。从黄帝时杜作乘马，到夏朝时相土作乘马，一直到商朝时的相土，都与杜氏有关。杨倞引作世本文，纪年云“帝相十五年，商侯相土作乘马”。而玉篇云“黄帝臣相乘马，以相为黄帝臣”。商侯相土应当是契之孙、昭明之子相土的后裔。契之孙、昭明之子相土是夏朝初期的人物。相土也作相杜，古代“土”与“杜”相通。宋衷曰，相土就契封于商。《春秋左氏传》曰，阏伯居商丘，相土因之，冥为司空，勤其官事，死于水中，殷人郊之。商朝杜氏集中居住在商丘。夏朝相土与商候相土都是司马之职，都是杜氏的一支。

夏商相土的杜氏一支是黄帝的后裔。黄帝与该支杜氏的世系关系是，黄帝生玄嚣，玄嚣生峤极，峤极生高辛（按：高辛《尚书·舜典·正义》引作“帝喾”），①高辛生契（契为殷祖），契生昭明，昭命生相土，相土生昌若，昌若生曹圉，曹圉生根国，根国生冥，②冥生核，核生微，微生报丁，报丁生报乙，报乙生报丙，报丙生主壬，主壬生主癸，主癸生汤，帝成汤生帝外丙、帝仲壬，帝成汤太子太丁生帝太甲，帝太甲生帝沃丁、帝太庚，帝太庚生帝小甲、帝雍己、帝太戊，生帝仲丁、帝外壬、帝河亶甲，生帝祖、辛帝沃甲，帝祖辛生帝祖丁，帝沃甲生帝南庚，帝祖丁生帝阳甲、帝盘庚、帝小辛、帝小乙，帝小乙生帝武丁，帝武丁生帝祖庚、帝祖甲，帝祖甲生帝祖辛、帝祖丁，帝庚丁生帝武乙，帝武乙生帝太丁，帝太丁生帝乙，帝乙生帝辛（纣）。商朝开国帝王成汤源于夏朝时期的杜氏，帝成汤的父亲是夏朝的主癸，主癸生成汤，主癸以上可以追溯到相土杜氏。成汤开创商朝，杜氏在商朝应该也是显赫家族。

历史上杜氏留下完整姓名的最早人物应当是禹王的大臣七大夫之一的杜子业。根据《鬻子》的说法，在禹王的七大夫中，杜子业排在第二位，仅次于皋陶。可见，杜子业在当时地位重要，声名显赫。鬻子，芈姓，名熊，是陆终第六子季连的后裔。③ 鬻熊九十岁拜见周文王，文王把他当作老师。后来周武王和周成王都拜他为师。鬻子归附周文王，被封在楚，乃楚人始祖。后人从《鬻子》一书得知禹王有七大夫辅佐。《鬻子》中的《禹政第六》篇云：

---

① 《尚书·舜典·正义》。

② 《礼记·祭法》。

③ 《史记·楚世家》说鬻熊“子事文王”，又记楚武王语：“吾先鬻熊，文王之师也。”而到了武王，成王都把他当作老师。周成王大封诸侯，其时鬻熊已经去世，其子熊丽、孙子熊狂也都已去世。故封他的曾孙熊绎于楚地，子孙都以熊为姓。传有三十一世四十三位君主。

"禹之治天下也，得皋陶，得杜子业，得既子，得施子黯，得季子宁，得然子堪，得轻子玉。得七大夫，以佐其身，以治天下，以天下治。"《鬻子》中的《上禹政第六》篇云："禹之治天下也，以五声听。门悬钟鼓铎磬，而置鞀，以得四海之士。为铭于簨，曰：'教寡人以道者击鼓，教寡人以义者击钟，教寡人以事者振铎，语寡人以忧者击磬，语寡人以狱讼者挥鞀。'此之谓五声。是以禹尝据一馈而七十起，日中而不暇饱食，曰：'吾犹恐四海之士留于道路。'是以四海之士皆至。是以禹当朝，廷间也可以罗爵。"道鼓、义钟、事铎、忧磬、讼鞀之五声是禹王招揽天下贤才的方式之一。杜子业能够在众多贤才中脱颖而出，其道行非同一般。

杜氏后人应当感谢《鬻子》将杜氏祖先杜子业留名于世。

鬻子是将黄帝之道传至后世的周朝初年的重要历史人物。《鬻子》中的《汤政天下至纣第七》篇云："汤之治天下也，得庆诵、伊尹、湟里且、东门虚、南门蜁、西门疵、北门侧，得七大夫佐以治天下，而天下治。二十七世，积岁五百七十六岁至纣。"《鬻子》中的《道符五帝三王传政甲第五》云："夫国者、卿相世贤者有之，有国无国智者治之，智者非一日之志，治者非一日之谋，而知所避。发教施令为天下福者谓之道，上下相亲谓之和，民不求而得所欲谓之信，除去天下之害谓之仁。仁与信，和与道，帝王之器。"

夏朝杜氏名人事迹有杜康造酒与杜杼造醋。杜康造酒，并酒诰正义。杜康即少康也。少康，夏后相之子。《博物志》云，杜康字仲宁，汉时为酒泉太守；或云黄帝时人，见《世本》。夏朝杜氏名人杜康与杜杼是黄帝的后裔。黄帝生昌意，昌意生韩流，韩流生颛顼，颛顼生鲧，鲧生文命禹，帝禹生帝启，帝启生太康、仲康和武观，仲康生帝相（帝羿和帝寒浞虽不知出处，但仍是帝喾后裔），帝相生少康，少康生帝杼，帝杼生帝槐，帝槐生帝芒，帝芒生帝泄，帝泄生帝降和帝扃，帝扃生帝廑，帝降生帝孔甲，帝孔甲生帝皋，帝皋生帝发和帝履癸（桀）。夏后相出于黄帝的儿子昌意及帝颛顼和禹王，夏朝初期的相土出于黄帝的儿子少昊玄嚣及帝喾。夏朝的夏后相与担任司马的相土都与杜氏有关系。夏后相的儿子是杜康，夏后相的孙子是杜杼。担任司马的相土是杜氏的一支，可能与禹王的七大夫之一杜子业有关。夏朝杜氏应当是显赫氏族。

商朝杜氏名人有杜元铣。杜元铣仕商，三世老臣，司天监太师（执掌司天台首官），因劝谏纣王，被处以枭首之刑。

杜国源于尧舜时期的唐国和杜国，历经夏商周，后来唐杜合国，也称唐杜氏。周朝杜国有许多杜氏人家。杜国传国从禹王时期的杜子业开始，经夏商周三代，杜氏始终与杜国相伴。在夏商周三代都有杜氏的传人。可惜如今资料有限，这里仅对杜伯之前尧帝后裔祁姓杜氏的传承考证如下，至于其他杜氏的繁衍历史，有待将来出土文献再作续补。①

杜氏在夏为御龙氏，在商为豕韦氏，在周为唐杜氏。这是一般性的概论。其实，禹王时期杜子业开启夏朝杜氏以后，商朝的豕韦屏蓬再次开启杜氏。从商王武丁时期（前1250—前1192，在位59年）开始，豕韦永新次子豕韦屏蓬徙居杜邑，就开启了商朝杜氏。豕韦屏蓬公屡谏兄瞦公陈善，而兄不听，其弟寿麻谋曰：兄恬过不悛，他日必亡其身，河之西有杜邑，可以居而避祸。及其徙居杜邑，去豕韦之氏，以杜为氏，娶杞氏，生子杜萧燕（陶唐氏后裔杜起姓），杜萧燕生子杜巨阳，杜巨阳生子杜彬，杜彬公生子杜焕范，杜焕范生子杜概，杜概生子虞曹，虞曹生子唐迪毅，唐迪毅生子唐益明。周朝杜氏在周成王姬诵时期（前1042—前1021，在位22年）灭唐国，将唐人徙杜国，自杜伯作起八世为侯，三世为伯。唐益明生子杜伯作，杜伯作生子杜盘若，杜盘若生子杜雪车，杜雪车生子杜琼章，杜琼章生子杜经牧，杜经牧生子杜高平，杜高平生子杜定卿，杜定卿生子杜晋城，杜晋城生子杜因周（一世杜伯），杜因周生子杜梁（二世杜伯），杜梁生子杜桓（三世杜伯）、杜叔、杜季，杜季生子杜正，杜正生子杜原，杜原生子隰叔，隰叔生子士蒍，士蒍生子士谷，士谷生子随仲、随季（士会），随仲生子刘随，随季生子士燮。

如今绝大多数杜氏源于尧帝，也都是黄帝的后裔。根据《尚书》的说法，黄帝生玄嚣，玄嚣生峤极，峤极生高辛，高辛为帝喾。② 尧为帝喾之子，史言尧居于陶，都平阳，又徙都于唐，号陶唐氏。《竹书纪年》及《左传·哀公六年》孔子引《夏书》，均言陶唐居冀。《帝王世纪》曰："尧伊祁姓也，母曰庆都，孕十四月而生尧于丹陵，名曰放勋。鸟庭荷胜，眉有八采，丰下锐上，或从母姓伊祁氏。年十五而佐帝挚，受封于唐。年二十而登帝位，以火承木，都平阳。"根据史书记载，帝尧陶唐氏，祁姓。母曰庆都，孕十四月而生尧于丹陵，名曰放勋。或从母姓伊祁氏。年十五而佐帝挚，授封于唐，为诸侯。身长十尺，常梦天而上之。故年二十而登帝位，以火承木，都平阳。置敢谏之鼓，天下大和。命羲和四子羲仲、羲叔、和仲、和叔，分掌四岳。诸侯有苗氏，

---

① 《晋语》曰："范宣子曰：昔匄之祖在周为唐、杜氏。"韦注："周成王灭唐，而封弟唐叔虞。迁唐于杜，谓之杜伯。"

② 《尚书·舜典·正义》。

处南蛮而不服。尧征而克之于丹水之浦,乃以尹寿、许由为师。命伯夔访山川溪谷之音,作乐六章,天下大和,百姓无事。始封稷、契,咎繇,褒进伯禹,纳舜于大麓。率群臣刻璧为书,东沈洛水,言天命当传舜之意。[①]《墨子·节用中》曰:"尧治天下,南抚交趾,北降幽都,东西至日所出入。"尧帝曾经派后稷见过西王母。汉焦延寿的《易林》卷一载:"稷为尧使,西见王母。拜请百福,赐我善子。引船牵头,虽物无忧。王母善祷,祸不成灾。"关于杜氏姓氏发展的粗线条说法是,自虞以上为陶唐氏,在夏为御龙氏,在商为豕韦氏,在周为唐杜氏。鲁襄公使叔孙穆子来聘,范宣子问焉,曰:"人有言曰'死而不朽',何谓也?"穆子未对。宣子曰:"昔匄之祖,自虞以上为陶唐氏,在夏为御龙氏,在商为豕韦氏,在周为唐、杜氏。周卑,晋继之,为范氏,其此之谓也?"对曰:"以豹所闻,此之谓世禄,非不朽也。鲁先大夫臧文仲,其身殁矣,其言立于后世,此之谓死而不朽。"其实,杜氏在炎黄时期就已经产生。杜姓是炎黄时期的古老姓氏。

二、南方杜氏起源

南方杜氏包括蜀国杜氏和楚国杜氏。

南方杜氏的一支源于蜀国杜宇。蜀国杜宇也是黄帝后裔。《蜀王本纪》云:"朱提有男子杜宇从天而下,自称望帝,亦蜀王也。则杜姓出唐杜氏,盖陆终氏之胤,亦黄帝之后也。"黄帝后裔陆终出自帝颛顼高阳。高阳者,黄帝之孙,昌意之子也。高阳生称,称生卷章,卷章生重黎。重黎为帝喾高辛居火正,甚有功,能光融天下,帝喾命曰祝融。共工氏作乱,帝喾使重黎诛之而不尽。帝乃以庚寅日诛重黎,而以其弟吴回为重黎后,复居火正,为祝融。吴回生陆终,陆终生子六人。唐杜氏乃陆终的后裔。

从蜀侯蚕丛开国,到蜀王柏灌,再到蜀王鱼凫,至杜宇称帝,蜀国于周朝末年雄踞南方。有周之世,限以秦、巴,虽奉王职,不得与春秋盟会,君长莫同书轨。周失纲纪,蜀先称王。有蜀侯蚕丛,其目纵,始称王。死,作石棺石椁,国人从之,故俗以石棺椁为纵目人冢也。[②] 次王曰柏灌。次王曰鱼凫。鱼凫王田于湔山,忽得仙道,蜀人思之,为立祠。[③] 后有王曰杜宇,教民务

---

① 今中候运衡之篇是也。

② 世俗间横有为蜀传者,言蜀王蚕丛之间周回三千岁。

③ 《蜀王本纪》:"王(指鱼凫)猎于湔山,便仙去。"

农，一号杜主。时朱提有梁氏女利游江源，[①]宇悦之，纳以为妃。[②] 移治郫邑，或治瞿上。[③] 七国称王，杜宇称帝，号曰望帝，更名蒲卑。自以功德高诸王，乃以褒斜为前门，熊耳、灵关为后户，玉垒、峨眉为城郭，江、潜、绵、洛为池泽，以汶山为畜牧，南中为园苑。[④] 会有水灾，其相开明决玉垒山以除水害。帝杜宇遂委以政事，效法尧舜禅授之义，遂禅位于开明。[⑤] 后来帝杜宇升西山仙逝。[⑥] 时适二月，子鹃鸟鸣，故蜀人悲子鹃鸟鸣也。[⑦] 巴亦化其教而力农务，迄今巴、蜀民农时先祀杜主君。[⑧] 杜宇是南方杜氏中担任帝王的早期历史人物。

望帝杜宇一百多岁时遇见荆人鳖灵，以其为相治水。望帝积百余岁，荆有一人，名鳖灵，其尸亡去，荆人求之不得。鳖灵尸随江水上至郫，遂活，与望帝相见。望帝以鳖灵为相。时玉山出水，若尧之洪水。望帝不能治，使鳖灵决玉山，民得安处。鳖灵治水去后，望帝与其妻通。惭愧，自以德薄不如鳖灵，乃委国授之而去，如尧之禅舜。鳖灵即位，号曰开明帝。开明帝生卢保，亦号开明。开明帝下至五代，有开明尚，始去帝号，复称王也。天为蜀王生五丁力士，能徙蜀山。王无五丁，辄立大石，长三丈，重千钧，号曰石牛。千人不能动，万人不能移。《秦惠王本纪》曰：秦惠王欲伐蜀，乃刻五石牛，置金其后。蜀人见之，以为牛能大便金。牛下有养卒，以为此天牛也，能便金。蜀王以为然，即发卒千人，使五丁力士拖牛成道，致三枚于成都。秦道得通，

---

① 《华阳国志·蜀志》："时朱提有梁氏女利游江源，宇悦之，纳以为妃。"

② 《蜀王本纪》："后有一男子名曰杜宇，从天堕，止朱提。有一女子名利，从江源井中出，为宇妻。乃自立为蜀王，号曰望帝。"

③ 《蜀王本纪》："汶山下，邑曰郫"、"治瞿上，为别都。"

④ 《华阳国志》："（杜宇）自以为功德高诸王，乃以褒斜为前门，熊耳、灵关为后户，玉垒、峨眉为城郭，江、潜、绵、洛为池泽，以汶山为畜牧，南中为园苑。"

⑤ 《蜀王本纪》："望帝积百余岁，荆有一人名鳖灵，其尸亡去，荆人求之不得。鳖灵尸随江水上至郫，遂活，与望帝相见。望帝以鳖灵为相。时玉山出水，如尧之洪水，望帝不能治。使鳖灵决玉山，民得安处。鳖灵治水去后，望帝与其妻通，惭愧，自以为德薄不如鳖灵，乃委国授之而去。如尧之禅舜。鳖灵即位，号曰开明。"

⑥ 《华阳国志·蜀志》："会有水灾，其相开明决玉垒山以除水害。帝遂委以政事，法尧舜禅授之义，遂禅位于开明，帝升西山隐焉。"

⑦ 《太平寰宇记》："望帝自逃之后，欲复位不得，死化为鹃，每春月间，尽夜悲鸣。蜀人闻之曰：我望帝魂也。"

⑧ 《华阳国志·蜀志》："后有王曰杜宇，教民务农……"

乃石牛之力。后遣丞相张仪等随石牛道伐蜀。[1]秦国称王自秦惠王始。周显王四十四年,秦惠文王十三年(前325)始称王,其后又有秦武王、秦昭襄王、秦孝文王、秦庄襄王及秦王政(秦始皇),共六位秦王。而从秦昭襄王五十二年(前255)起至秦王政二十六年(前221),史家均以秦王纪年。[2] 秦惠王遣张仪、司马错伐蜀。蜀王开明拒战,不利,退走武阳,获之。史书又说,张仪伐蜀。蜀王开明战不胜,为仪所灭。张仪灭蜀王后,蜀王杜宇的后裔去向不明。

南方杜氏还有一支源于楚国杜氏,楚国杜氏也是黄帝后裔。春秋时期楚王杜敖的后裔,属于以先祖名字为氏。春秋时期,楚国有君王名叫熊艰,号称杜敖,亦称堵敖、庄敖。据《史记·楚世家》记载:"楚武王卒师中而兵罢。子楚文王熊赀立,始都郢。文王二年,伐申,过邓,邓人曰'楚王易取',邓侯不许也。六年,伐蔡,虏蔡哀侯以归,已而释之。楚强,陵江汉间小国,小国皆畏之。十一年,齐桓公始霸,楚亦始大。十二年,伐邓,灭之。十三年,楚文王卒。子熊囏立,是为杜敖。"杜敖是楚国的第二十二任君王,他的祖父是楚国第二十任王芈熊通,他的父亲是楚国第二十一任王芈熊赀。楚文王十三年(前677)秋,楚文王在津(今湖南津市)打了败仗。撤兵途中,在一个名为湫的地方,暴病而死。楚文王葬在楚俗称为"夕室"的墓地中,葬毕,鬻拳自尽,葬在楚俗称"经黄"的宫门内。楚文王死后,其儿子楚杜敖继承楚君之位。楚杜敖在位后,继续富国强兵,逐鹿中原。楚杜敖五年(前672),欲杀其弟楚熊恽。恽奔亡随国,借随人之助杀楚杜敖后自立,是为楚成王。楚杜敖熊艰于公元前676年—前672年在位,又作堵敖。楚成王名恽,楚文王子。弑兄杜敖而代立,在位四十六年,为其子商臣所弑,谥曰成王。楚王杜敖熊艰与其弟楚成王熊恽都与杜氏有千丝万缕的联系,公元楚杜敖是楚国杜氏的祖先,其后人以杜为氏。在楚杜敖熊艰被弑后,其族人后裔分散避难,有以先王称号为姓氏者,称杜氏或称堵氏,后统称为杜氏,世代相传。

随国与范国也是杜氏国家。杜伯后裔隰叔,违难奔于晋,生子舆。子舆

---

① 前324年,惠文王称王,随后韩、赵、燕、中山和宋也都先后称王,史称五国相王;同年秦昭襄王生。《水经注》卷二十七引来敏《本蜀论》的记载惠文王用计灭古蜀:"秦惠王欲伐蜀而不知道,作五石牛,以金置尾下,言能屎金,蜀王负力,令五丁引之,成道。秦使张仪、司马错寻路灭蜀,因曰石牛道。"

② 前338年,秦孝公死,惠文王即位,公子虔诬告商鞅谋反,于是商鞅逃亡,被魏国赶回秦国内。商鞅于商地召集其党人,北攻郑县,惠文王派兵将商鞅擒杀后,车裂其尸,并灭商君之族。

即士芀。士芀生士谷、士缺，士缺生士会。士会食邑于随，为随武子，食邑于范，为范武子。故宣子曰，吾主夏盟为范氏，或云武子佐文襄，辅成景，是以受随范。是士芀初以官为氏，至会始以邑为氏。宣十七年，初受随，为随武子，后受范，为范武子。因此，随国与范国都是杜伯后裔士会的封地。

楚国杜氏中最有名的学者是杜子。楚庄王熊侣于公元前 613 年—前 591 年在位，是春秋五霸之一。楚庄王欲伐越，杜子谏曰："王之伐越，何也？"曰："政乱兵弱。"杜子曰："臣愚患之。智如目也，能见百步之外而不能自见其睫。王之兵自败于秦、晋，丧地数百里，此兵之弱也；庄蹻跷为盗于境内而吏不能禁，此政之乱也。王之弱乱，非越之下也，而欲伐越，此智之如目也。"王乃止。故知之难，不在见人，在自见。故曰："自见之谓明。"杜子是楚国比老子还要早些时间的历史人物。老子是在公元前 571 年至前 471 年之间活动的人物，出生于楚国苦县历乡曲仁里，杜子则是楚庄王在位时的人物，是老子出生以前的楚国人物。

战国时期的杜氏名人是杜文公。《汉书・艺文志第十》记载，六国时阴阳家中有《杜文公》五篇。阴阳二十一家，文献有三百六十九篇，其中《公梼生终始》十四篇，《公孙发》二十二篇，《邹子》四十九篇，《邹子终始》五十六篇，《乘丘子》五篇，六国时《杜文公》五篇，《黄帝泰素》二十篇……但现存少量残文外，均已亡佚。六国时阴阳家杜文公与楚国杜子是何种关系，这是需要研究清楚的问题。

战国时期的杜忠是古代数术的集大成者。楚国杜忠与楚国杜子是何种关系，这也是需要研究清楚的问题。《汉书・艺文志第十》记载，杜忠有《杜忠算数》十六卷，数术家，皆明堂义和史卜之职也。《算术书》是目前可以见到的中国最早的数学专著。这部著作于 1984 年 1 月，在湖北江陵张家山出土的大批竹简中发现，据有关专家认定，《算术书》抄写于西汉初年（约公元前 2 世纪），成书时间应该更早，大约在战国时期。中国古代的复杂数字计算都要用算筹，所以"算术"包含当时的全部数学知识与计算技能，流传下来的最古老的《九章算术》以及失传的许商《算术》和杜忠《算术》，就是讨论各种实际的数学问题的求解方法。现在不知道《九章算术》的作者是谁，但是西汉早期的著名数学家张苍（前 201—前 152）、耿寿昌等人都曾经对《九章算术》进行过增订删补。《汉书・艺文志》中没有《九章算术》的书名，但是有许商、杜忠二人所著的《算术》，因此有人推断其中或者也含有许、杜二人的工作。1984 年，湖北江陵张家山西汉早期古墓出土《算数书》书简，推算其成书当比《九章算术》早一个半世纪以上，内容和《九章算术》相类似，有些算题和《九章算术》算题文句也基本相同。订立契约时，应有第三方人士在场，而且必须在契约上写明备案，如《西汉神爵二年（公元前60）广汉县节宽德卖布袍券》，在券简尾就写有“时在旁候史张子卿、戍卒杜忠知卷约，沽旁二斗”。这是要求节宽德在订立卖布袍券时，候史张子卿、杜忠都在场见证此事。“沽旁二斗”在有的券契上写作“古酒旁二斗皆饮之”、“沽酒各半”、“沽各半”等，这是在契券订立完成、沽酒酬谢在场者，交易双方各承担一半沽酒钱的意思，其目的在于要在旁者充当证人，一旦出现争议，还须请证人到场来评断。

上述南方蜀国和楚国的杜氏也都是黄帝的后裔。陆终生六子，第六子是季连，季连生附沮，附沮生穴熊，其后中微，或在中原，或在蛮夷，弗能纪其世。周文王之时，季连之苗裔曰鬻熊，鬻熊子事文王，早卒。其子曰熊丽，熊丽生熊狂，熊狂生熊绎，熊绎生熊艾，熊艾生熊（黑旦），熊（黑旦）生熊胜，熊胜以弟熊杨，熊杨生熊渠，熊渠生熊挚红、熊延，熊延生熊勇、熊严，熊严生熊霜、熊徇，熊徇生熊咢，熊咢生熊仪，熊仪生熊坎，熊坎生熊眴、熊通，熊通生熊赀，熊赀生熊畑（《史记·音隐》云：“畑，古‘艰’字。”），是为庄敖即杜敖。

三、黄帝与周朝时期杜伯的世系关系

周朝杜伯是黄帝的后裔。现今各地杜氏的族谱表明，杜氏基本上源于周朝杜伯。但是，杜伯究竟是尧帝的儿子源明的后裔，还是尧帝的儿子丹朱的后裔？历史上有两种说法。

一种说法认为，杜伯是尧帝的儿子源明的后裔。杜伯乃周朝杜国第八代国君刘聪之子。杜伯的家族历史可上溯到轩辕黄帝。黄帝至杜伯世传五十五代，一世黄帝将其子玄嚣金天氏封在云阳（今湖南长株潭地区），二世玄嚣在今湖南地区建立少昊国，三世峤极，四世帝喾，五世尧帝，六世源明，七世永和，八世济乐，九世岁纪，十世正坤，十一世长历，十二世德尧，十三世仁宏，十四世廷光，十五世爵南，十六世行矩，十七世复旺，十八世茂清，十九世孔阳，二十世日永，二十一世德荣，二十二世聚义，二十三世刘累，二十四世昌益，二十五世信盛，二十六世泳八，二十七世相承，二十八世全福，二十九世美勋，三十世钊宁，三十一世晒宽，三十二世文盛，三十三世锦遥，三十四世升吉，三十五世瑞明，三十六世先柱，三十七世源传，三十八世维宗，三十九世新兴，四十世建（月吕），四十一世宝招，四十二世晨禄，四十三世任玉，四十四世添祯，四十五世树鸿，四十六世登贵，四十七世刘晖，四十八世刘智,四十九世刘晰,五十世刘贯,五十一世行义,五十二世刘知,五十三世鼎方,五十四世刘聪,五十五世杜伯(刘恒)。杜伯乃杜国第八代国君刘聪之子,他被视为现今绝大多数杜姓家族的始祖。

另外一种说法认为,杜伯是尧帝的儿子丹朱的后裔。从黄帝到杜伯共六十八世。

一世黄帝将其子玄嚣金天氏封在云阳(今湖南长株潭地区),二世玄嚣在今湖南地区建立少昊国,三世峤极,四世帝喾,五世尧帝,六世丹朱,七世成泽,八世恺,九世御龙氏曷,十世御龙氏康正,十一世御龙氏鞠陵,十二世御龙氏猗苏,十三世御龙氏治田,十四世御龙氏望,十五世御龙氏涉辑,十六世御龙氏达,十七世御龙氏功,十八世御龙氏植,十九世御龙氏疑,二十世御龙氏稀,二十一世御龙氏陆,二十二世御龙氏奇,二十三世刘累,二十四大伸,二十五世涣,二十六世豕韦矶,二十七世豕韦瑞续,二十八世豕韦越衷,二十九世豕韦逸裘,三十世豕韦建,三十一世豕韦革夷,三十二世豕韦风胡,三十三世豕韦官善,三十四世豕韦师单,三十五世豕韦符绰,三十六世豕韦岐嶷,三十七世豕韦象亭,三十八世豕韦叔俊,三十九世豕韦季厘,四十世豕韦圉罗,四十一世豕韦公商,四十二世豕韦允定,四十三世豕韦华辅,四十四世豕韦颖,四十五世豕韦秀子,四十六世豕韦雄,四十七世豕韦卓业,四十八世豕韦永新,四十九世豕韦屏蓬,五十世杜萧燕,五十一世杜巨阳,五十二世杜彬,五十三世杜焕范,五十四世杜概,五十五世虞曹,五十六世唐迪毅,五十七世唐益明,五十八世杜伯作,五十九世杜盘若,六十世杜雪车,六十一世杜琼章,六十二世杜经牧,六十三世杜高平,六十四世杜定卿,六十五世杜晋城,六十六世杜因周,六十七世杜梁,六十八世杜桓、杜叔、杜季。杜伯是尧帝子丹朱后裔的说法更符合历史时间跨度。从黄帝到杜伯共六十八世的族谱,要比黄帝至杜伯世传五十五代的族谱更为精确。

第一世:帝喾四子尧,名俊,号放勋。生于丹陵,系高辛丁亥之年。居于耆邑,以祁为姓,故号之曰伊祁氏。年十二受封于陶,年十五时建国于唐,故又称陶唐氏。在位 98 年,后禅位于舜。逝于巳年(约前 2259),都于平阳,葬阳城谷林,寿 118 岁。娶散宜氏之女,讳女皇,生女二,长娥皇,次女英,皆配舜,孟氏所称九男二女皆高辛一门之子也,共生十子,即监明、丹朱、开明、启明、胤明、觉明、卧明、晦明、源明、少康。伯奋、仲堪、叔献、季仲、伯虎、仲熊、叔豹、季狸,此八人《左传》曰,高辛有才,子八人,称之八元是也。其外,丹朱公乃系杜氏刘氏开创之祖也。[1]

第二世:尧公长子丹朱,公当有虞之时,受封于陶唐,依父居于平阳,及大禹禅位而有天下,公会诸侯于涂山,居执玉帛之列,以地为氏,因称为陶唐氏。其母,女皇旌于丹朱之地,名曰丹朱,及其卒也,葬于丹水之阴,今丹水县是也。娶辛阳氏,生子成泽。

第三世:丹朱之子成泽,公为夏后官,太康立而遂之,失爵为民。娶安保氏,生子二:恺、正。

第四世:成泽之子恺,公秉性明达,抱宽忍之度。奚仲之孙,获于成皋之虞,握手而与言曰:公修德砥行,不昌其身,必昌其于孙,兄明德之后,天必不大废置,后果应其言。娶城民氏,生子曷。

第五世:恺之子御龙氏曷,公之立身,克肖其父,夏后仲康,征为司牧,受以泾渭之地,自龙门以及孟津,命掌龙门之祀,赐其氏曰御龙氏,少康及位,命与有仍氏、有虞氏并刘侯服之职。娶戈氏,生子三:康正、余和、廷维。

第六世:曷公之子御龙氏康正,公以孝事父,曷公曰:御龙之国,其地险,其民疲汝之儿尽子职,必能尽为君之道,吾无忧矣,及曷公卒,康正嗣位,爱民如子,以御龙为氏。娶登比氏,生子鞠陵。

曷公次子余和,其兄以国事委之,职任历正,辅佐御龙氏。夏有中国之君名征者,代有易氏,公伐有易氏。娶有易之女,生子壑孙,以余为氏。

曷公三子廷维,御龙国,有鄰国名曰虞,邻近西戎,屡受侵伐之害,见御龙势强,因以女娶公,而恃为保全之计,虞氏生子承云。

第七世:康正之子御龙氏鞠陵,公制一狐裘,召左右而与之,示其裘之美,有闫人名叔之者,请之曰:有德之君,以俭为本,今君之美,毋乃伤财,而有害于国乎?公毁之而不衣,其能丛谏也如此,故事夏之帝杼、帝槐,无纤介之褐。娶仆牛氏,生子猗苏。

第八世:鞠陵公之子御龙氏猗苏,父善讲农事,设田竣之官,每岁孟春,命以木铎旬于路,曰:人以食为本,本固则不忧,忧不作,则诸竭咸作矣。娶盈氏,生子治田。

第九世:猗苏之子御龙氏治田,公未冠嗣位,娶大戎之君长女,贡,由是内助得人,而国势益张,生子望。

第十世:治田之子御龙氏望。娶戎氏,生子涉辑。

---

① 考鉴刘氏其他族谱有源明公为刘氏开创之祖也,并考鉴史有鉴明公一人也。

第十一世:望之子御龙氏涉辑,御龙国之地属北平之郡,即今之晋城县是也。公嗣位,司徒甘臣进媚,公怒而遂之。娶封氏,生子达。

第十二世:涉辑之子御龙氏达,公好田猎,驰马登山,扬鞭而喜,归则以鹿兔之多为功。其妇妫氏,谏曰:太康以豫游而失国,有扈以暴而亡身,君戒之,且先君之位传至于今,历九世,世无失职,君若纵欲,败度,不将无以对先君乎!公善其言,而改其行,卒为令主。娶妫氏,生子功。

第十三世:达之子御龙氏功。娶戎氏,生子植。

第十四世:功之子御龙氏植,公为诸侯之长,率六夷之君,而朝夏后帝泄,赐以弓矢,使专征伐,由是东方之国,无不服从。娶何氏,生子疑。

第十五世:植之子御龙氏疑。娶似氏,生子稀。

第十六世:疑之子御龙氏稀,公求贤人武罗之裔孙武,笈而用之,日与论国事及帝王要举之略,语之曰:兴亡继绝,人君之急务,于是复斟寻氏之于覃怀。娶空桑氏,生子陆。

第十七世:稀之子御龙氏陆,公天性醇潜,器宇深沉,喜读《三坟》《五典》,并熟《八索》《九丘》之志,而曰:民情可见,民命可保,惟集国人而训之曰:知义则人心正,知礼则人和,纪修知信,则人道立,其内文明,而外柔顺也。娶灵阳氏,生子二:奇、耀。

第十八世:陆之子御龙氏奇,公礼贤下士,四方豪杰而归之。与董父相善,董父者鬲川之国君也,御龙国大而强,鬲川国小而弱,而公接之以礼仪,亲睦之风,流行于岐梁之间。娶巫常氏,生子累。

第十九世:奇之子累,公之生也,有纹在手曰刘累,及其长也,嗣父位,事夏孔甲,天降秉龙有雌雄,孔甲不能食,而未获豢龙,因学扰龙于豢龙氏,以事孔甲,孔甲能饮食之,甲嘉其功,以豖韦氏之爵封之,赐以豖韦之地,豖韦者,祝融国君之地,龙一雌死,以食孔甲,孔甲享之,既而使求之,累公惧,托言,求于鲁县,失爵隐居,称其氏曰刘,此刘氏建姓之始也。公寿 94 岁,公卒葬山西平阳府万寿山双虎派牙形,妣赫晋氏、姒氏、吉氏、赵氏,首妣葬镇江府沛县同乡安村黄龙出形洞,二妣葬镇江府沛县良洞白象出槽形。生子四:大伸、大益万氏、万益陶氏、永益余氏。

第二十世:累公之子大伸。娶密氏,生子三:长涣、次�、三姿。

第二十一世:大伸公之子涣,公居鲁县,率昆仲子侄十余人,以耕钩为业,感慨风月,笑傲泉石,因作歌曰:采于山美可茹,钓于水可食,可高土况味,因已加人一等矣。娶有仍氏,生子子矶。

第二十二世：涣公之子豖韦矶，公口不邪言，目不邪视。同乡关龙逢以正士推之曰：我仕必举乎尔，及其帝皋也，荐之曰：鲁县有闻人，明德之后，能以德自修，不可弃也，帝皋举豖韦之地与爵授之，仍为侯服，因以豖韦韦氏。娶有虞氏，生子瑞续。

第二十三世：矶公之子豖韦瑞续，公居豖韦，与国为邦，有空桑之伊尹，耕辛乐道，不求闻达。续公荐之于桀不用，复荐之于豪因之汤，汤三聘而尹乃出，孟氏曰：伊尹五就汤，公荐之力也。娶有鬲氏，生子越衷。

第二十四世：续公之子豖韦越衷，公为豖韦之君，夏桀无道，褒、费、杞、缯、辛、戈氏皆党，唯豖韦氏与隆终之，长子樊封为昆吾氏，其三子，钱经为彭氏，助汤伐桀予南巢，故世为有商伯侯，以豖韦为氏。娶姬氏，生子豖韦逸袭。

第二十五世：越衷之子豖韦逸袭，距豖韦之地百余里，有韦戎会诸戎大肆猖狂，公务农讲武，威震诸戎，不数年反仇为婚。其夫人系人韦长君之女，生子建。

第二十六世：逸袭之子豖韦建，有商沃丁戊子年，九州岛大雾不见，诸侯佞，国人问于公曰：雾何其甚？公曰：沃丁，贤君也，咎单贤相也，而大雾之曰：意者，其天送伊尹辞世乎？及天使至，问之，果然，国人皆曰智。娶施氏，生子革夷。

第二十七世：建公之子豖韦革夷，公有疾，召二子而问其行。长曰：修身以治国；幼曰：兄友而弟恭；公曰：吾无忧矣。娶京兆氏，生子二：长风胡，次荣迁。

第二十八世：革夷之子豖韦风胡，娶扶乐氏之女，俭而且勤，能执妇道。语宫妇曰：妇有四德，功其一也。采麻绩丝，制为冠冕，凡群臣有功者，夫人即请命于公，而偿之此冕。生子官善。

第二十九世：风胡之子豖韦官善，公有五德：宽以待民，诚于祭祀，公室不饰，大帛之衣，狱必以情。公修五德，民康物阜，由是称霸于有商，至三世之后而益焉。娶济阳氏，生子师单。

第三十世：官善之子豖韦师单，公乘车出国门，见有乞者，形容枯槁，问之，系邻邦有施氏之民，携妻负子而至，公叹曰：彼悬磬而来归，其忍使饥饿于土地焉？命有司发廪以振之。愿为民者，如归市焉。娶安氏，生子符绰。

第三十一世：师单之子豖韦符绰，公性气严厉，风度棱峻，人不敢以私与之，与臣下论国政称严则刻，不严则弱，悬象出治，宽猛德宜，而一时之左右侍从，以神明敬之，以父母爱之，终其身无侵伐。娶太原氏，生子岐嶷。

第三十二世：符绰之子豕韦岐嶷，公笃于行义，善于行文，邻有鬼戎，燕京戎寻干戈，公以王章诘之，命其亲仁善邻，各守疆界，二戎交相为质，往来聘帛，公之力也。娶始平氏，生子象亭。

第三十三世：岐嶷之子豕韦象亭，公抚豕韦，国富兵强，有蓝夷之君，窥夏后仲丁，不居豪邑，迁都于器，因有不臣之心，即大肆猖獗，仲丁遣相？巫咸命公征之，诛蓝夷之君，仲丁策命为侯，得专征伐。娶姚墟氏，生子叔俊。

第三十四世：象亭之子豕韦叔俊，公出猎，民为之献，公不自私，而分给于民，民之所以悦也。娶斟同氏，生子季厘。

第三十五世：叔俊之子豕韦季厘，公嗣位，有东夷勾芒氏，不以其职朝于商，商命往征之，勾闻之惧，而修要服之贡职。娶有男氏，生子圉罗。

第三十六世：季厘之子豕韦圉罗，公为有商时方柏，商迁都于器，有河决之害，公合诸侯筑之，商又迁相，又迁耿，皆有河决之害，公相地修筑，勤劳王事十余年。娶有为氏，生子公商。

第三十七世：圉罗之子豕韦公商，公合诸侯五次，条氏之君，徐氏之君，施氏、肖氏、索氏、猗氏、陶氏、终葵氏、长勺氏、尾勺氏之君，凡有十一国，无不唯命是从，此有商之沃甲，所以民固而不失其国也。娶吴兴氏，生子允定。

第三十八世：公商之子豕韦允定，公卒，有胡氏之君名豹者，使人遍告诸侯曰：豕韦氏可乘其丧而伐之，豕韦氏可灭也。诸侯辞使者曰：有德之国，不可伐也，尔胡氏不必间矣。娶钱唐氏，生子华辅。

第三十九世：允定之子豕韦华辅公袭父之余烈、恨胡氏有剪伐之心，三年后，公诛胡氏之君豹立其弟熊，主胡氏之祀。娶汝南氏，生子颖。

第四十世：华辅之子豕韦颖，公霸诸侯，告其臣民曰：立法不明，则威不立，凡有克敌者，上大夫受县，下大夫受郡，土田十刀，庶人工商，遂人棣圉。故左氏称：夏之昆吾，商之豕韦霸国焉。娶中山氏，生子秀子。

第四十一世：颖公之子豕韦秀子，配上谷氏，生子一雄，又费氏，生子一英，三配大姬氏，西戈氏。

第四十二世：秀子之子豕韦雄公宽而能忍，克循旧章，比年而聘，三年大聘，五载一朝。语列辟曰：吾闻大禹合诸侯于涂山。执玉帛者有万国，今其存者，不过百分之一耳。娶有渊氏，生子二：提、卓业。

第四十三世：雄公次子豕韦卓业，国人立公事有商小乙之君，诵盘庚三篇以告之曰：先皇引咎自责，反复告谕，以口舌代斧戊，忠厚之意，深入民心，民之浮言,乌得不息,民之胥怨,乌得不消,民之生生,乌得不裕尔。娶有高氏,生子永新。

第四十四世:卓业之子豕韦永新,公事武丁,进虞书明目达聪之篇,武丁果梦上帝示以良弼之像,求字于版筑之严,见传说与梦相形肖,即举而用之道,商复兴,武丁以翟羽赐。娶涤卢氏,生子三:曀、屏蓬、寿麻。

第四十五世:永新长子曀,公承父爵,九载,鬼方氏无道,武丁大怒,公为元戎,两载不捷,武丁新征之,一载而克,由是公怠于政,不修祀事。其二弟屏蓬公,居杜邑,三弟受麻奔唐邑,武丁怒而诛之,灭其国。娶施氏,生子由。

永新次子豕韦屏蓬,公屡谏兄曀公陈善,而兄不听,其弟寿麻谋曰:兄恬过不悛,他日必亡其身,河之西有杜邑,可以居而避祸,及其徙居杜邑,去豕韦之氏,以杜为氏。娶杞氏,生子杜萧燕(陶唐氏后裔杜起姓)。

永新三子寿麻,公知长兄曀公必亡,曰:我陶唐之氏也,今我先君,称元侯于夏,建霸业于商,兄今若比,豕韦氏之庙,必不克保,唐邑其故也,居之以存祀,于是去其国而归唐邑,为唐氏。娶宴氏,生子戎宜。

第四十六世:屏蓬之子杜萧燕,公22岁而卒,夫人饮而哭之曰:宜以贵尊为谥。道而能乐身,不失其贵,义而克守品,不失其尊,谥以贵尊,其克当之矣。娶目夷夫人,生子巨阳。

第四十七世:萧燕之子杜巨阳,公能奉母训,常曰:我之母有三德,人莫及焉,事舅姑,以敬母之孝也,甘贫贱而志不移,母之节也;善抚子而教之,母之慈也,淑德贞顺,化及闾里,时人称之为义母。娶竹青氏,生子彬。

第四十八世:巨阳之子杜彬公环者萧然,家贫乐业,非其力不食,清风使然,虞仲闻之,由荆蛮而从游,终为亡年之交,以兄礼事之。古公亶父,屡来见而不得。娶燕之氏,生子焕范。

第四十九世:彬公之子杜焕范,公寿一百岁,鱼盐胶鬲未遇文王之先,常与畅遂于草莽。称之曰:吾于君子也。金玉者,其音也;雍容者,其度也;清萧者,其品也,天锡纯嘏,自有莫之致而至者也。娶风氏,生子概。

第五十世:焕范之子杜概,公闻西伯侯姬昌,援弓矢车征伐,礼贤下士,收罗人才,墨氏、彭氏、芋氏、辛氏之公皆投奔之,公告其三曰:西伯仁人也,不可失也,余年耗矣,无能为也,尔三子盍往归焉。娶崇氏,生子三:虞曹、功、勋。

第五十一世:杜概之子虞曹,公归周,西伯有一事一物,必向虞曹面咨询,当时多士济济,一曰虞曹,二曰虞功,三曰虞勋,四曰公允,五曰公信,六曰公鬻，七曰钱铿，八曰辛甲。西伯尊为八虞，八虞者，八有别名也。至周武王取有之天下，己卯十四年，受封于唐邑，赐以子爵，曰唐叔虞，号唐公。娶辛氏，生子唐迪毅。

杜概之子虞功，公本特达之士，才学兼优，文王知之久矣，隆以友宾。娶殷氏，生子耆定，定生谦，谦生渊，受封于祝，以祝为氏。

杜概之子虞勋，公本性醇厚，见二兄归周，意欲养亲，概公屡遣而后往，西伯喜曰：尔来何迟也。娶来氏，生子修有，有生子三：盖章、曰照、曰修。兄弟三人受封于蓟，以蓟为氏。

第五十二世：虞曹之子唐迪毅，公谨守如墨，为周武王营镐邑，及迁镐之后名曰镐京，公与效力之士女歌曰：作邑于洋，文王烝哉，遂有文王之诗八章。娶殷氏，生子唐益明。

第五十三世：迪毅之子唐益明，唐人作乱，公见，公旦讨武庚，诛管蔡，定奄及淮夷之地，成王，灭唐，迁属杜邑，杜邑之士民而训之曰：为士者，以礼乐为先，为民者，以树艺为本，庶乎不失为盛世之士民也。娶卢氏，生子杜伯作。

第五十四世：益明之子杜伯作，公抚蕞尔之杜邑，本周公之制度，遵太公之法，自奉祀朝聘以及田里沟洫，事无大小，皆决于巳。人曰：君过于劳。公曰：委之于人，恐他人不能尽心也。娶宋氏，生子盘若。

第五十五世：伯作之子杜盘若，公循父治，百姓如，桑耕种之时，即命有司驾乘舆巡行乡邑，断于陇亩之间，农不失业，而且终其身未尝有刑措之用焉。娶姜氏，生子雪车。

第五十六世：盘若之子杜雪车，公事周昭王，王欲南巡江汉，公谏曰：南蛮決舌之人，无异封豕长蛇。王弗听，至济汉水之滨，汉济人以胶结船，及放乎中流，王与弱于汉水。配姬氏，生子琼章。

第五十七世：雪车之子杜琼章，公刚毅明断，尝叹曰：吕侯详刑之篇，不及皋陶五刑之正，盖谓大辟可赎，则凡有资财者，可不谓法，此非以爱民为心，不过借以敛民之财。当时善公之说者，唯谋父一人而已。娶汾氏，生子经牧。

第五十八世：琼章之子杜经牧，公事周懿王，不敢怨赋贡之繁，因作十月之交八章，以讽之，其首章曰：今此下民亦孔之哀，言民不堪命也。娶娟氏，生子高平。

第五十九世：经牧之子杜高平，公修德仁行，周孝王壬子之年，天降大雹，各国牛马冻死无数，社邑无恙，其感问天心如此。娶曹氏，生子定卿。

第六十世：高平之子杜定卿，公事周夷王，见王，王下堂而见，诸侯知王不明觐礼，不振天戚，即举禹合诸侯于涂山，汤合诸侯于景豪，武合诸侯于孟津之国而进之，王不能悟，公叹息而退。娶狐氏，生子晋城。

第六十一世：定卿之子杜晋城，公内明外断，向平生爱慕者芮良夫语之曰：尔知楚邦熊渠之心乎？良夫曰不知，公曰：熊渠东伐杨粤，西伐庸，猖獗汉江，必有意图，至厉王癸未元年，果称王，公让人其潜号。娶南宫氏，生子因周。

第六十二世：晋城之子杜因周，杜邑密迩周室，厉王奔，不敢归国，公侍从五载，上书奉告于太子靖：不有居者，谁守社稷，不有行者，谁杆牧圉，奔走驱，不惜其身，饥渴寒苦，不形于言，王崩之后，奉丧而归，太子靖立，是为宣王，以伯爵封之（一世杜伯）。娶仲山氏，生子杜梁。

第六十三世：因周之子杜梁（二世杜伯），公有友五人：尹吉甫、仲山甫、申伯、方叔、张仲，宣玉莅政之初，南征荆蛮，东平淮夷，北伐猃狁，公之勋不在五人之下。娶蓼氏，生子三：杜桓、杜叔、杜季。

第六十四世：杜梁之子杜桓（三世杜伯），周宣王四十三年，公无罪，宣王欲杀之，其友左儒诤谏九次，王曰：汝别君而事。左儒曰：友逆则顺君，君逆则顺友。王怒甚，不听，卒杀之。儒曰杜伯无罪而死，我何生为，触石而死，其子亦及于难。娶曹氏，生子杜匡。

杜梁次子杜叔，公见兄无罪遭戮，泣曰：先君之地，不能守也，先君之祀，不可废也，当择礼仪之邦而居之，居之非鲁不。于是去杜邑，而逃奔泮水之侧。娶申氏，生子杜柯。

杜梁三子社季，公见兄丧于非命，次兄杜叔去而之鲁，语其子杜正曰：晋国亦仕国也，况有陶唐之遗民，皆我祖累公之遗裔也，我亦得以亲我族焉。于是去杜邑而归晋。娶穆氏，生子杜正。

上述关于杜伯是尧帝儿子丹朱后裔的说法，认为杜伯（杜桓）的父亲是杜梁。

总之，杜氏不管是源于尧帝的哪个儿子，都是黄帝的后裔。这一点是确凿无疑的。

四、黄帝与春秋战国时期杜伯后裔的世系关系

黄帝是春秋战国时期杜伯后裔的先祖，因为历代杜伯都源于黄帝的儿子少昊。如果从杜伯为一世算起，春秋战国时期杜氏传承与刘氏传承也有着密不可分的联系。杜伯后裔与刘氏在血缘上是一家人。刘氏出杜伯，杜伯后裔又出刘氏。《春秋分纪》谓杜伯生隰叔，隰叔生芀，芀生谷，谷生会，以随为氏，亦曰范氏，生二子，曰燮、曰鲂。燮生匄，匄生鞅，鞅生吉射及皋夷。

鲂生彘裘。又会之从弟穆子生渥浊,渥浊生弱,弱生伯瑕丐,丐生士弥牟皋夷,皋夷史作皋绎。《唐书宰相世系表》谓士会有子留于秦,生明,明生远,远生阳。阳十世孙生清,徒居沛,生仁。仁生煓字执嘉。执嘉生四子,伯、仲、邦、交。邦即汉高祖。

这里的主要问题在于隰叔是不是杜伯(杜桓)的儿子。如果隰叔是杜伯的儿子,按世次计算,杜伯乃杜姓一世。二世杜隰,又名隰叔。但是,问题在于隰叔的活动时期与杜伯(杜桓)的活动时期差距较大。隰叔不是杜伯(杜桓)的儿子,而是杜原的儿子。隰叔是杜伯(杜桓)的侄曾孙。周宣王四十三年,杜伯(杜桓)被害。周宣王姬静(前827—前782,在位46年)四十三年应该是公元前785年。史书关于隰叔活动时期的资料有限,但是,从隰叔的儿子士芳的活动时间,可以判断出隰叔不是杜伯(杜桓)的儿子。关于士芳的活动时间,《左传·僖公五年》云:初,晋侯使士芳为二公子筑蒲与屈,不慎,置薪焉。夷吾诉之。公使让之。士芳稽首而对曰:"臣闻之,无丧而戚,忧必仇焉。无戎而城,仇必保焉。寇仇之保,又何慎焉!守官废命不敬,固仇之保不忠,失忠与敬,何以事君?《诗》云:'怀德惟宁,宗子惟城。'君其修德而固宗子,何城如之?三年将寻师焉,焉用慎?"退而赋曰:"狐裘龙(meng)茸,一国三公,吾谁适从?"此时,士芳筑城的时间应该是公元前658年(春秋—晋)。如果隰叔是周宣王时代杜伯(杜桓)的儿子,以周宣王(前827—前782)在位日期推算,按照隰叔前782年出奔晋国,是年十五岁计算,隰叔生年当在前796年。士芳于公元前671年聚城诛杀桓庄诸公子与前658年修筑蒲屈二城,士芳的活动时间距离周宣王杀害杜伯(杜桓)的时间(前785)大约有一百多年。按25年一世计算,相差约五世。这足以说明隰叔不是杜伯(杜桓)的儿子,而是杜伯(杜桓)的侄曾孙。

史书说隰叔子违周难于晋国,生子舆为大理。范宣子问于訾祏,訾祏对曰:"昔隰叔子违周难于晋国,生子舆为理,以正于朝,朝无奸官;为司空,以正于国,国无败绩。世及武子,佐文、襄为诸侯,诸侯无二心。及为卿,以辅成、景,军无败政。及为成师,居太傅,端刑法,缉训典,国无奸民,后之人可则,是以受随、范。及文子成晋、荆之盟,丰兄弟之国,使无有间隙,是以受郇、栎。今吾子嗣位,于朝无奸行,于国无邪民,于是无四方之患,而无外内之忧,赖三子之功而飨其禄位。今既无事矣,而非和,于是加宠,将何治为?"宣子说,乃益和田而与之和。訾祏死,范宣子谓献子曰:"鞅乎!昔者吾有訾祏也,吾朝夕顾焉,以相晋国,且为吾家。今吾观女也,专则不能,谋则无与也，将若之何？”对曰：“鞅也，居处恭，不敢安易，敬学而好仁，和于政而好其道，谋于众不以贾好，私志虽衷，不敢谓是也，必长者之由。”宣子曰：“可以免身。”隰叔到晋国以后生子舆为大理，该说法就与子舆的活动年代相一致。

如果从一世杜伯杜因周算起，春秋战国时期杜伯后裔的传承如下。

一世杜伯杜因周。

二世杜伯杜梁。

三世杜伯杜桓。

四世杜伯杜正：杜季之子杜正，公从父归晋，择处晋阳，感怀时事，痛念王室，赋小旻之六章，其五章曰：哀哉为犹，匪先民是程，匪大犹是径，言西周灭，先民而坠大道也。娶狐氏，生子原。

五世杜伯杜原：杜正之子杜原，公居晋阳之地，与曲沃相近，见晋君昭侯危不自安，遂弃晋阳西行，赋行野三章之诗以明志。言曰：就尔宿尔不我畜，及汾曲显沃桓叔止之，遂居汾显之滨。娶韩氏，生子隰叔。

六世隰叔：杜原之子隰叔字良。公生于汾显之滨，以显为氏，其次子士荣为卫国士师之官，以士为氏。鲁僖公二十八年，卫成公与卫大夫元亘构讼，成公不能胜，杀士荣，刖鋮，以泄其负讼忿也。妣章氏、胡氏、槐氏，生子：士芮、士荣。

七世士芮：隰叔长子士芮字世郎，公为晋士师之官，以士为氏。鲁庄公二十三年，献公患桓庄之族，偏令谋去二族，以安晋室。鲁庄公二十四年，献公杀游氏之党也，公告献公曰：可矣，不过二年，君必无患。献公悦，授以大司宝之爵。妣易氏、徐氏、邓氏，生子士谷。

八世士谷：士芮之子士谷字昌充，号成伯缺，公袭父司空之爵，鲁文公二年，春秋书，夏六月，公孙敖会宋公陈侯郑伯、晋谷盟于垂陇，左氏传曰：公未至，六月，穆伯会诸侯及晋司空，书公堪其事也。有功于晋，受封于随，故其以随为氏。妣钟氏、赵氏，生子二：随仲、随季。

九世随仲：士谷长子随仲，公讳夏，因弟季为晋迎公子雍逃奔秦，公亦去晋而适秦曰：吾奉皇帝之裔，累公之后，祖之祀不可忘也。左氏传曰：随仲留秦未归，其处者为刘氏，此刘氏复姓之始也。娶嬴氏，生子刘随。

士谷次子随季，名士会，（范起姓）初为晋国士师，为晋迎公子雍，晋拒雍逃奔秦国，晋人请之，秦人归之，送其妻帑并其长子文子、士鲂、士球归晋，兄不能返。鲁宣公十六年，晋升为太付，其子文子名燮，讳富仙，号美荣，受封于范邑，改氏为范氏。《国语》载：“春秋时晋国人，祖士芮，佐晋献公定策，尽灭桓、庄之族及游氏，升大司空。”

十世士燮：士会之子士燮。士会之长子士燮，字文叔，称范文子。前588年，晋景公增设三新军，晋国共十二卿，士燮职务不变。前583年左右，中军佐荀首去世，士燮升任上军将；约于此年，晋国减新军为一军，晋国公司均八卿。前577年左右，中军佐荀首去世，士燮升任中军佐。前574年6月9日（戊辰），士燮去世，享寿六十七岁，葬于古青州西城外、白鹿伴松形，因食邑于范为范氏，又名范文子，妣柳氏、伍氏，具封夫人，殁后与公合葬九原祖坟，后人对其像赞曰：“凯旋归国，甘步后尘，之反不伐，公贻其人。”

士会之次子士雁，讳士轼，晋灵公七年（前614）士会归晋时子士雁未随留于秦，为避秦获复为刘氏曰刘轼，生于鲁僖公二年己丑（前632），卒于鲁襄公七年乙未（前566），享寿六十七岁。妣殷氏，生卒年未详，合葬于陕西曲江府城郊外。生子四：贵龙（鸣魁妣梁氏、郭氏）、贵文（鸣甲）、贵凤、贵舞。

士会之三子士鲂，彘季、彘恭子。周简王十四年，晋厉公被弑，士鲂与荀莹迎立晋悼公。悼公命士鲂为上卿，封到彘邑（今山西霍东县东北），称为彘公子。鲁襄公十三年辛丑夏，新军佐士鲂去世，此时彘裘年纪尚幼，不能出任将帅。后士鲂之子孙用其封地“彘”作姓氏，士鲂即彘氏之始祖也。诗赞曰：晋国名卿历代封，范刘彘姓在其中，三姓皆为同血缘，一脉相承世系浓。士鲂谥号曰“恭”，因其本为士氏，因采邑于彘，以彘为氏，故亦可称彘鲂，史称彘恭子。前560年，士鲂卒，其子彘裘年幼，彘氏丧失卿位。

十一世士匄：士燮之子范宣子，名士匄，字文伯，也称士文伯。祁姓，范氏，讳匄，谥宣，其名范匄，又曰士匄，史称范宣子。前557年，秦晋迁延之役，栾针与士鞅（士匄嫡子）攻秦，栾针亡而士鞅存，栾黡乃驱士鞅，士鞅奔秦国，投奔士鞴（士会之子）。自此栾范交恶。前555年，正卿荀偃在伐齐战争中病逝，死不瞑目。士匄抚其尸：“侍奉中行吴（荀偃之子）岂敢不像侍奉您吗？”荀偃仍不闭眼，栾盈（栾黡之子）曰：“您如果死去，我将伐齐之事进行到底，以河神为证。”荀偃乃瞑。前552年夏，栾祁（士匄之女，栾盈之母）告栾盈将反，鼓动晋平公驱除栾氏。士匄仍不甘心，会盟诸侯，明令诸侯不得收留。栾氏无奈留楚，又辗转至齐国。前550年，栾盈回到封地曲沃，召集旧部。4月，栾氏在曲沃突然反叛，杀奔范氏而来。范氏与晋平公合力，战胜栾氏，反攻曲沃。10月，曲沃人反栾盈，晋乱得以平定。士匄行事果断，作风强硬，习以法治国，执政能力极强。宣叔匄生献子鞅。

十二世范鞅、士瑕。宣叔匄之子献子鞅。范献子，祁姓，范氏，讳鞅，谥献，其名范鞅，又曰士鞅，史称范献子。前555年，中行偃伐齐，士鞅从父出征，勇立战功。前550年，栾盈叛乱，魏舒欲附之，士匄恐栾、魏联合，遣子士鞅说降魏舒，魏舒迟疑不决。士鞅果断挟持魏舒，成功地孤立栾氏。前548年，士匄死，士鞅入六卿，为下军佐。前541年，赵武死后，韩起为正卿。前514年，韩起寿终，魏舒执政，羊舍氏、祁氏遭诬，六卿共灭二大夫，魏舒为保君权，化邑为县。魏、韩、智、赵四家各得一县，士鞅、荀寅一无所获，不满魏氏。前509年，魏舒猝死，士鞅竟撤魏舒之棺的柏木，令以大夫规格下葬。士鞅代魏舒执政，使范氏跃居为晋国第一大世卿。前501年，士鞅去世，荀跞执政。鞅生吉射及皋夷，皋夷史作皋绎。

十三世吉射、皋夷。鞅之子士吉射，祁姓、士氏，按封地又为范氏，讳吉射(范吉射)，谥号昭，又称范昭子。前501年，士鞅去世，士吉射继承范氏，为下军佐。前497年，士吉射与中行寅(中行文子)不服赵鞅(赵简子)杀死邯郸大夫赵午，攻打赵氏。赵鞅联合魏侈(魏襄子)、智跞(智文子)、韩不信(韩简子)，反击范氏、中行氏，士吉射与中行寅失败，逃至朝歌。士吉射与中行寅又纠合齐景公、宋景公、卫灵公甚至周敬王相助他们，前493年，赵鞅得胜，士吉射与中行寅逃至齐国，范氏、中行氏灭亡。

上述春秋战国时期杜伯后裔的传承表明，三代杜伯及其传人都是黄帝的儿子少昊的后代。黄帝与春秋战国时期杜伯后裔的世系关系如下。黄帝生少昊玄嚣，少昊玄嚣生峤极，峤极生高辛，高辛为帝喾，[①]帝喾生帝尧，帝尧生丹朱，丹朱生成泽，成泽生恺，恺生御龙氏曷，曷生御龙氏康正，康正生御龙氏鞠陵，鞠陵生御龙氏猗苏，猗苏生御龙氏治田，治田生御龙氏望，望生御龙氏涉辑，涉辑生御龙氏达，达生御龙氏功，功生御龙氏植，植生御龙氏疑，疑生御龙氏稀，稀生御龙氏陆，陆生御龙氏奇，奇生刘累，刘累生大伸，大伸生世涣，世涣生豕韦矶，矶生豕韦瑞续，瑞续生豕韦越衷，越衷生豕韦逸裘，逸裘生豕韦建，建生豕韦革夷，革夷生豕韦风胡，风胡生豕韦官善，官善生豕韦师单，师单生豕韦符绰，符绰生豕韦岐嶷，岐嶷生豕韦象亭，象亭生豕韦叔俊，叔俊生豕韦季厘，季厘豕韦圉罗，圉罗生豕韦公商，公商生豕韦允定，允定生豕韦华辅，华辅生豕韦颖，颖生豕韦秀子，秀子生豕韦雄，雄生豕韦卓业，卓业生豕韦永新，永新生豕韦屏蓬，屏蓬生杜萧燕，杜萧燕生杜巨阳，杜巨阳生杜彬，杜彬生杜焕范，杜焕范生杜概，杜概生虞曹，虞曹生唐迪

---

① 《尚书·舜典·正义》。

毅,唐迪毅生唐益明,唐益明生杜伯作,杜伯作生杜盘若,杜盘若生杜雪车,杜雪车生杜琼章,杜琼章生杜经牧,杜经牧生杜高平,杜高平生杜定卿,杜定卿生杜晋城,杜晋城生杜因周(一世杜伯),杜因周生杜梁(二世杜伯),杜梁生杜桓(三世杜伯)杜叔杜季,杜季生杜正,杜正生杜原,杜原生隰叔,隰叔生士芳,士芳生士谷,士谷生随仲随季(士会),随仲生刘随,随季生士燮,士燮生子士匄,士匄生子范鞅,范鞅生吉射及皋夷。从黄帝到杜伯,大致可以看出杜氏的发展线索,即在虞为陶唐氏,在夏为御龙氏,在商为室韦氏,在周为唐杜氏。春秋战国时期杜氏还形成随氏、范氏等。

五、黄帝与秦汉杜氏的世系关系

秦汉杜氏主要源于春秋战国时期的杜洩杜绰。杜洩于鲁昭公时期(前541—前510年)被叔孙豹聘为家臣。季平子下令,不准以卿士身份安葬。杜泄等家臣怒,认为三家均为卿士,欺人太甚。他们不仅以卿士礼仪安葬叔孙豹,而且还以周王赏赐的宝器辂车随葬。季平子闻报,大怒,想要尽捕叔孙豹的家臣,杜洩惧,携家人偷跑出鲁国,去郢(今湖北江陵市)投靠楚昭王(前515—前489)。[①] 杜洩生子杜绰。楚声王时期(前407—前402),任杜

---

① 初,穆子去叔孙氏,及庚宗,遇妇人,使私为食而宿焉,问其行,告之故,哭而送之,适齐娶于国氏,生孟丙仲壬,蔓天压己,弗胜,顾而见人,黑而上偻,深目而豭喙,号之曰,牛助余,乃胜之,旦而皆召其徒,无之,且曰,志之,及宣伯奔齐,馈之,宣伯曰,鲁以先子之故,将存吾宗,必召女,召女何如,对曰,愿之久矣,鲁人召之,不告而归,既立,所宿庚宗之妇人,献以雉,问其姓,对曰,余子长矣,能奉雉而从我矣,召而见之,则所梦也,未问其名,号之曰牛,曰唯,皆召其徒,使视之,遂使为竖,有宠,长使为政,公孙明知叔孙于齐,归,未逆国姜,子明取之,故怒其子,长而后使逆之,田于丘莸,遂遇疾焉,竖牛欲乱其室而有之,强与孟盟,不可,叔孙为孟钟曰,尔未际,飨大夫以落之,既具,使竖牛请,日人弗谒,出命之日,及宾至,闻钟声,牛曰,孟有北妇人之客,怒将往,牛止之,宾出,使拘而杀诸外,牛又强与仲盟,不可,仲与公御莱书,观于公,公与之环,使牛人示之,人不示,出命佩之,牛谓叔孙见仲而何,叔孙曰,何为,曰不见,既自见矣,公与之环而佩之矣,遂逐之,奔齐,疾急,命召仲,牛许而不召,杜洩见,告之饥渴,授之戈,对曰,求之而至,又何去焉,竖牛曰,夫子疾病,不欲见人,使寘馈于个而退,牛弗进,则置虚命彻,十二月,癸丑,叔孙不食,乙卯,卒,牛立昭子而相之,公使杜洩葬叔孙,竖牛赂叔仲昭子与南遗,使恶杜洩于季孙而去之,杜洩将以路葬,且尽卿礼,南遗谓季孙曰,叔孙未乘,路葬焉,用之,且冢卿无路,介卿以葬,不亦左乎,季孙曰,然,使杜洩舍路,不可,曰,夫子受命于朝,而聘于王,王思旧动为赐之路,复命而致之君,君不敢逆王命,而复赐之,使三官书之,吾子为司徒,实书名,夫子为司马,与工正书服,孟孙为司空以书动,今死而弗以,是弃君命也,书在公府而弗以,是废三官也,若命服,生弗敢服,死又不以,将焉用之,乃使以葬,季孙谋去中军,竖牛曰,夫子固欲去之。

绰为大夫,杜绰生子杜段杜挚。

杜绰长子杜段以才学著名,袭父职任楚大夫。杜段就生于声王时(前407—前402)。楚悼王时期(前401—前381),杜段成为以才学著名的青年。楚肃王时期(前380—前370),杜段30余岁,另有弟杜挚,西入秦。楚宣王时期(前369—前340),杜绰去世,杜段袭父职任楚大夫。至楚怀王末年(前299),杜段一直任楚大夫。楚顷襄王时期(前298—前263),杜段去世。

杜绰次子杜挚,西入秦,被秦孝公(前361－前338,在位24年)任为朝臣,在商鞅变法中持反对态度。公孙鞅、甘龙、杜挚三大夫御于君。虑世事之变,讨正法之本,求使民之道。杜挚曰:"臣闻之:'利不百,不变法;功不十,不易器。'臣闻:'法古无过,循礼无邪。'君其图之!"[①]秦攻邯郸,十七月不下。争谓王稽曰:"君何不赐军吏乎?"王稽曰:"吾与王也,不用人言。"庄曰:"不然。父之于子也,令有必行者,必不行者。曰'去贵妻,卖爱妾',此令必行者也;因曰'毋敢思也',此令必不行者也。守闾妪曰,'其夕,某懦子内某士'。贵妻已去,爱妾已卖,而心不有。欲教之者,人心固有。今君虽幸于王,不过父子之亲;君吏虽贱,不卑于守闾妪。且君擅主轻下之日救矣。闻'三人成虎,十夫楺椎。众抽所移,毋翼而飞'。故曰,不如赐军吏而礼之。"王稽不听。军吏穷,果恶王稽、杜挚以反。秦王大怒,而欲兼诛范雎。范雎曰:"臣,东鄙之贱人也,开罪于楚、魏,遁逃来奔。臣无诸侯之援,秦习之故,王举臣于羁旅之中,使职事,天下皆闻臣之深与王之举也。今遇惑或与罪人同心,而王明诛之,是王过举显于天下,而为诸侯所议也。臣愿请药赐死,而恩以相葬臣,王必不失臣之罪,而无过举之名。"王曰:"有之。"遂弗杀而善遇之。

杜绰之子杜挚迁居秦都咸阳。传至西汉初时有杜樨,从咸阳迁居霸陵(今西安市灞桥区毛西乡毛西村),与其子杜苍均隐居读书,不做官。苍的儿子杜信,是民间医生。杜信有子杜勋,汉元帝建昭三年(前36)以军校随陈汤的大军出征匈奴,立有战功。他的堂弟杜季雅,在汉成帝时期(前32—前7)是位侠客。

杜段之子杜赫。杜赫因叔父杜挚曾任秦国大臣,便投靠秦昭襄王(前306—前251)。他因在昭襄王的统一战争中屡建奇功,被拜为大将军,封于

---

① 《商君书》。

南阳衍邑（今河南南阳市），于是称“杜衍”。杜赫有子数人，知名的有杜秉等。秦庄襄王时期（前249—前246），杜赫去世，其子杜秉被任为官吏。杜赫生子秉（上党太守），秉生札（南阳太守），札生周（御史大夫），以豪族迁茂陵，生三子：延寿、延考、延年。

《新唐书·宰相世系二·上》说杜赫的儿子较多。杜赫之子杜得臣在秦朝末年随沛公刘邦起兵反秦，征战有功，被任为中郎将。汉高祖定都长安（今西安市未央区）后，封杜得臣为棘阳侯，家居南阳（今属河南省），汉文帝五年（前175）病逝，子孙失载。杜秉有子杜札，汉文帝至汉景帝时期（前179—前141），任南阳太守。杜札有子杜周，汉武帝时期（前141—前87），以“豪族”被迁于茂陵（今陕西兴平市北）。

杜恬在汉高祖时封长修侯，汉惠帝元年为廷尉。杜恬在汉高祖十一年（前196）被封为信平侯，四年后即汉惠帝三年（前192）薨，信平侯即杜恬西汉御史。汉高祖刘邦封诸侯王时，杜恬被分为长修平侯，排名108位，后惠帝改长修平侯为信平侯，封地为山西省新绛郡。

杜恬之子杜中于汉惠帝三年（前192）封信平侯。杜恬在汉高祖十一年（前196）被封为信平侯，四年后即汉惠帝三年（前192）薨，同年怀侯杜中嗣，十七年后即汉文帝五年（前175）薨，杜中公元前192年怀侯杜中嗣信平侯，十七年后即汉文帝五年（前175）薨，同年侯杜意嗣，二十七年后即汉景帝中元二年（前148）有罪免。杜意汉文帝五年（前175）嗣信平侯。

杜相夫，汉景帝中元五年封阳平侯。景帝中元五年（前145）绍封杜相夫为阳平侯，三十七年后即汉武帝元封三年（前108）有罪免。由上可知，杜氏的信平侯爵位存在时间为汉高祖十一年至景帝中元二年。

《汉书·杜周传》记载：“杜周，南阳杜衍人也。”他自幼生长在太守家，受到父亲杜札的良好教育，知书达理，尤其熟悉刑律和法令。父亲去世后，执法严厉的义纵任南阳郡太守，聘杜周为府吏，颇有才干，得到义纵赏识。之后，义纵向廷尉张汤推荐杜周之才，被召入长安任廷尉府吏，其家也由杜衍迁居茂陵（今陕西兴平市）。他为张汤服务，汤称赞之，官至御史。受命查办沿边郡县因匈奴侵扰而损失的人畜、甲兵、仓廪问题。他在查办过程中，严格追究造成损失的责任，很多人因此被判死罪。由于他执法严峻，奏事称旨，因而得到武帝的赏识，加以重用，天汉三年任御史大夫。杜周生三子：延寿、延考、延年。

杜周之子杜延寿任河南太守，杜延考迁河东太守，杜延年以列侯由茂陵迁杜陵邑。汉武帝又封杜周的长子延寿、二子延考为官。汉昭帝时期（前86—前74），杜周病逝，赐葬于平陵。其长子、二子居住在茂陵，去世后亦葬于平陵父亲杜周墓旁，子孙失载。至东汉初，杜周的长子延寿、二子延考的后裔有杜保，被汉光武帝任命为越骑校尉，豪侠仗义，爱打抱不平，后为仇家所害。他的后代传至东汉末时有杜廪，官至中郎将。汉献帝兴平元年（194），他随凉州将军马腾攻董卓部将李傕，兵败后被杀于槐里。

杜周之子杜延年，字幼公，官御史大夫建平敬侯，生七子：缓、继、佗、钦、绍、绪、熊。熊，字少卿，官荆州刺史，生后汉谏议大夫穰；穰字子饶，生二子：敦、笃。杜缓封建平侯、杜继、杜佗、杜钦、杜绍、杜绪、杜熊任朝官。

西汉末年有杜邺，父亲早逝，随母亲居住于杜陵外祖父张敞家。舅父张吉教杜邺读书，博学多才。杜邺与杜钦（杜周之孙）均以才学闻名，又字同为"子夏"，时人为相区别，称杜邺为"大冠子夏"，杜钦为"小冠子夏"。汉哀帝即位（前6）后，杜邺任御史大夫，出任凉州（治所在今甘肃张家川回族自治县）刺史。杜姓人有的避汉末之乱，便迁到了凉州。

杜邺之子杜林，字沉静，自幼受到良好的家庭教育，又跟随表叔张竦读书，博通经史。王莽建立新朝后，他任扶风（治所在今陕西兴平）郡吏。更始年间，农民军攻克长安杀王莽后，杜林和弟杜成避难于河西（治所在今甘肃武威），茂陵的杜姓人有的便移居于此。汉光武帝时期（25—57），杜林劝割据河西的同郡人隗嚣归顺东汉，不听。后来，杜林以送弟杜成灵柩回故乡为由，辞别隗嚣东返。安葬弟弟于茂陵后，他赴洛阳朝拜陛下，汉光武帝召见后，称赞不做隗嚣封官的杜林，赏赐御衣、车马，任命为光禄卿。皇太子刘强在生母郭皇后（名圣通）被废后，主动让位于封立的阴皇后（名丽华）长子刘庄，得到父皇光武帝欢心，被封为东海王（王城在今山东郯城县北），拜杜林为王之师。他教导和辅佐东海王治国有功，被召回洛阳任少府卿。建武二十二年（46），汉光武帝又拜杜林为大司空，成为"三公"之一的高官。次年，杜林病重，汉光武帝亲幸其府探望，并赐宝器予以隆重安葬。杜林在学术方面因博洽多闻，被誉为通儒，后世之人称其为"小学之宗"。杜林著有《仓颉训纂》、《仓颉故》，其子杜乔，官至丹水长（今陕西商县）。《后汉书》有《杜乔传》。

汉代杜氏主要是杜延年后裔世系完整。杜周生杜延年，杜延年生杜缓、杜继、杜佗、杜钦、杜绪、杜熊，杜缓生杜业，杜熊生杜少卿，杜少卿生杜穰，杜穰生杜敦、杜笃，杜敦生杜邦，杜笃生杜硕，杜邦生杜宾、杜宏、杜繁，杜宾生杜翕、杜崇，杜翕生杜契，杜崇生杜畿，杜畿生杜恕、杜理、杜宽。

杜子春生活在西汉末（约生于前30）至东汉明帝永平元年（58），长寿至88岁，祖先、子孙的世系不详。他是河南府缑氏（今河南偃师）人，从小爱读书，青年时又拜经学大师刘歆为师，从学《周礼》，以大儒闻名。他多次辞谢征召，不做官，收徒讲学，名声甚高，大儒郑众等都是他的高徒。东汉末"北海郑玄"注《周礼》，就是依照杜子春所著《周礼杜氏注》写成的。缑氏杜姓由子春起始有记载。东汉初，刘歆的门人杜子春传授《周礼》之学，郑众、贾逵、马融等鸿儒皆仰承其说，一时注家蜂起，歆学大盛。

东汉颍川郡（治所在今河南禹县）人杜安，任宛（今南阳）令，杀豪强除害，得到百姓欢迎。之后，他升任巴郡（治所在今重庆市嘉陵江北）太守，廉政爱民，团结各族发展生产，改善生活；又兴办学校，招收地主、百姓子弟上学，威望大增。他去世后，巴郡百姓痛哭失声，又派代表亲送其灵柩至颍川定陵（今河南郾城西北）家乡。

杜安之子杜根，聪明过人，十三岁就被举荐入洛阳太学读书，称"少年才子"。汉安帝永初元年（107），他任郎中。后因反对邓太后临朝执政，被太后令人将其装人布袋内处死。行刑中执法者同情，未致死而将他扔于荒野外得以活命，改姓易名逃于宜城（今湖北宜昌），隐于酒店当伙计。邓太后病逝，汉安帝下诏书寻找杜根，召回洛阳任侍御史，直至寿终。

杜根之子杜翊世，有祖父、父亲之风，多才而正直，对宦官、外戚专权不满，曾被免官入狱。汉顺帝即位（126）后，他累迁官任尚书。

上述秦汉杜氏主要出于春秋战国时期的杜洩、杜绰，又都是三世杜伯的后裔，从而也都是尧帝的后裔，也都是黄帝的后裔，以上内容是关于秦汉以前杜姓世系源流探讨。关于杜氏数千年发展历史，杜填仓先生所编著《吾庐春秋：杜氏溯源》一书，梳理清晰，论述全面系统。承蒙宗亲杜发群兄弟相约作序，姑且以此文权充，期待大德高明不吝雅正。

杜钢建

2015年2月1日

（作者为清华大学凯原中国法治与义理研究中心研究员，湖南大学法学院院长、教授、博士生导师）

自 序

世系纲是记录家族历史的重要文献。世系，指一姓世代相传的系统。中华姓氏五千年，世系传承源远流长。早先有关世系的记载，曾分为家传和家谱两种，前者为官修，后者为撰自私门。纲，这里指记述家族血缘关系传承状况和繁衍过程。世系纲则二者合一，把本族历史沿革和家族人物的主要事迹及言论，以辈分排序，客观地记录并传承后世。

进入父系社会，三皇五帝已成为神化传说的中心。炎黄部落时期，既有黄帝赐十二姓（姬、酉、祁、已、滕、任、荀、僖、姞、儇、伊），又有从母系时期遗传下来的百姓部落，星罗棋布地生活在华夏大地上。杜姓部落尊长康公就融入炎黄大联盟之中，成为黄帝佐臣，并留下“杜康造酒”的美丽传说，被后人尊为“酒圣”。炎帝第七世孙后土句龙（黄帝佐臣）以“建木”与“土”合文，绘制成“杜”氏图腾，流传至今五千年。

父系社会早期，姓氏变化无常。例如，黄帝原姓姬，其母亲见公公特别喜欢孙子，就给黄帝赐姓“公孙”氏；尧帝本姓姬，名放勋，从小养育在伊侯国中，后迁徙到祁（山西黎城县），父母就赐姓为“伊祁”氏，十岁时受封于山东定陶县，后又封到河北唐县，便又赐姓为“陶唐”氏。

关于杜姓的起源，最早见于《左传・襄公二十四年》（前549）的记载，杜伯七世孙士匄（即范宣子）说道：“昔匄之祖，自虞以上，为陶唐氏，在夏为御龙氏，在商为豕韦氏，在周为唐、杜氏。”到了唐代，先祖甫公在《祭远祖当阳君文》中写道：“初陶唐氏，出自伊祁，圣人之后，世食旧德。”另在《唐故万年县君京兆杜氏墓志》中云：“其先系统于伊祁，分姓于唐杜，吾祖也，吾知之。远自周室，迄于圣代，传之以仁义礼智信，列之以公侯伯子男。”西周唐民迁都于杜城（西安市雁塔区山门口乡），周宣王封“杜国”，国君为尧后裔刘累四十四世孙恒公。恒公为宣王朝秉政大夫，受封为“伯”，人称“杜伯”。西周伯公传承至大唐甫公，有记载已三十七世。

杜姓是我国古老的姓氏之一。总体来说，杜姓的沿革如下：黄帝以后的三百多年以“姬”为姓；尧帝以后的四百多年，以“伊祁”、“陶唐”为姓；自夏帝孔甲时期刘累至周宣王的千余年，以“刘”、“御龙”、“豕韦”、“唐杜”为姓；自周宣王时期杜伯至今的两千八百余年,以"杜"为姓。

杜氏人文蔚起,尤盛于魏晋、南北朝和隋唐。此间700年,杜氏至少有150多人担任五品以上官职,成为当时"衣冠人物绵延不绝"的十姓十三家士族之一。在唐代,杜氏任宰相者就有11人。自古至今,杜姓在全国100个大姓中,居第53位。

唐代的《元和姓纂》列杜氏郡望为京兆(今陕西西安)。自从杜周从南阳杜衍迁到茂陵后,至其子杜延年时,又迁到了杜陵,京兆杜氏便是以这个家族为骨干而发展起来的,襄阳杜氏是以晋朝杜预为始祖而发展起来的,洹水杜氏是以三国魏弘农太守杜恕之子杜宽为始祖。中山杜氏与京兆杜氏同宗,其始祖父是三国魏杜畿的后世子孙北齐任徐州刺史的杜弼。濮阳杜氏以秦国大将杜赫之子杜威为始祖。其中京兆杜氏、襄阳杜氏族谱资料较详。

河南郑州新密市杜姓后裔,于2000年5月20日在超化镇胡地村回龙山本族老坟下出土一方大清道光十一年(1831)所立的残碑。碑文开宗明义曰:"祖居襄阳府,始祖唐工部讳甫字子美,迁巩州越数十世,仑厥祖至大明年间始迁于密。"这方墓碑遗文炳然,把杜姓之根系追本溯源至一千两百多年前大唐诗圣之胤胄。

我杜氏四兄弟为寻根觅祖,日夜博览经典,兼程万里,奔波八省市,在族人的鼎力相助之下,历时三载,编著《杜甫世系考》一书,初步为本支世系梳理了一遍脉络。但当时急于出书,仓促完稿,多有疏误,令人遗憾。故有再修《杜甫世系考》的设想,悲惜金亭、炳森、炳旺三位兄弟在呕心沥血的撰述中先后辞世,对编修工作带来了重大损失。

退休后,吾誓言重修《杜甫世系考》。除纠错外,同时以"预公十三叶孙甫公"世系为轴心,上溯尧帝,下及当世,列述本支百世,钩沉吾庐春秋,力图全面梳理杜氏源流,展现吾族风采。然对此探赜索隐、钩深致远之宏大事业,吾常愧恨学力不足,唯吾祖诗圣之光辉形象,常震撼胸怀,激荡心田,故知艰难而不退,虽浅陋而无畏,但愿有生之年,得尽绵薄之力。

十来年间,吾从花甲至古稀,冬寒夏暑,秋霜春露,卧居穹庐,精耕不辍。常晨起便坐于阳台前,博览典籍,冥思苦想,不觉便是一日。吾反复吟咏甫公诗集,并大量翻阅古今研杜、注杜之名著,复历十三载,终于如愿以偿,逐步编著出了《本支百世》、《杜甫世系考》(合编)以及《吾庐春秋:杜氏溯源》。古人云,"修身不如养心,养心不如读书","万卷古今消永日;一窗昏晓送流年"。在不断学习以及努力写作的过程中,吾常常忘却了左臂麻木、一半盲眼、心肌梗死、肺疾哮喘之痛，同时也陶冶了情操，升华了人生，亦是幸甚。

杜氏源流，源远流长。杜姓在我国悠久灿烂的历史中，优秀人物数千年生生不息，他们与其他姓氏的精英们共同创造了我国辉煌的历史与文化。富而思源，我们今天追溯求源，目的在于抚今追昔，不忘根本，弘扬美德，启迪后昆，以求社会和谐，民族昌盛。通过对姓氏文化的整理，希冀可以凝聚炎黄子孙，增强中华民族的亲和力和感召力。同时，也希望这对于弘扬民族文化，促进中华民族的和谐发展，实现中华民族的伟大复兴，能够产生积极深远的影响。

在写作过程中，甫公四十一世孙杜发群以及青年学者林天泉、高思莉亦给予了诸多帮助。填仓浅见薄识，鄙陋之作，疏谬难免，望学者、读者与族人赐教。

惟愿谱牒传承，以妥先灵，以序昭穆，以睦宗族，以感后人诚孝！

杜甫三十九代孙杜填仓

2014 年 12 月 20 日

鼻祖杜康

上联：天下杜姓源康祖晋封黄帝佐臣令德惠贤胤

下联：神奇妙艺酿甘醪醉了英雄无数拔剑壮志酬

横批：酒圣杜康

——杜甫三十九代孙填仓撰联

"天下杜姓源杜康"，杜康是天下杜姓公认的鼻祖。相传杜康是轩辕黄帝时杜氏部落的首领，被黄帝封为佐臣，专门掌管粮食。在《世本》中有"杜康作酒"的记载，并注为"黄帝时人"。《酒诰》中也记载："酒之所兴，肇自上皇。"因其创造酿酒之术，被后人称为酒祖、酒圣。在杜康之前，时人所饮之"酒"，实际上多是"汤液醪醴"之类的含酒精果米的发酵物，远不能算作真正意义上的酒。杜康所造秫酒的出现，是远古人类饮食文明和原始社会科技进步的重要标志。

关于杜康造酒，历史文献多有记载。张华《博物志》云："杜康作酒。"顾野王《玉篇》云："酒，杜康所作。"李瀚《蒙求》云："杜康造酒，仓颉制字。"在今天，白水县杜康村存有杜康庙。相传，杜康庙始建于东汉年间，由光武皇帝赐建。《大元大一统志·卷三百八十三》载："杜康庙，伊阙旧县东南三十里处。"《大元大一统志》是元朝官修的地理总志，是中国古代最大的一部舆地书。据《中国历史地图册·陕西都畿道地图》记载，当时的伊阙旧县东南三十里处，正是今天白水县杜康村的杜康造酒遗址。明冯时化《酒史》载："杜康作酒，酉日死。"故，后人选择了每年立春后的第一个酉日（后确定为三月初三）作为杜康神的忌日，焚香祭拜，香火连绵至今。

杜康受到无数后人的景仰。唐代著名诗人王绩有《祭杜康新庙文》，称颂杜康造酒是古代文明的重大进步，其辞曰："两仪判辟，万象森罗。都邑未建，鸟兽独多。茹毛饮血，巢居穴窠。天地不交，人灵未和。智哉先生，爰作甘醴。上配百牢，下主五齐。以宴以祷，为樽为洗。万神以降，三献成礼……我瞻前说，功高受赏。嗟嗟先生，其义可想。肇基曲蘖，先开祀飨。大礼斯备，群贤就养。敢依河曲，建尔灵祠。前临极岸，却就长矶。茅茨不剪，采椽不治。扫地而祭，神期享之。"

唐宋时期，一般的驿站也敬祀酒神杜康。唐李肇《唐国史补》卷下云："江南有驿吏，以干事自任。典郡者初至，吏白曰：'驿中已理，请一阅之。'刺史乃往。初见一室，署云《酒库》。诸酝毕熟，其外画一神。刺史问：'何也？'答曰：'杜康。'"不仅酒坊和酒肆奉杜康为"酒神"，就连皇城内的光禄寺也敬奉杜康。元人冯梦祥《析津志·祠庙仪祭》记载："杜康庙，在（京城）北城光禄寺内。居西偏，内有天师宫。奉礼部摽拨道士一人，在内提点看经，专一焚修香火。盖为酿造御酒，每日于上位玉押槽内支酒一瓶，以供杜康。”

杜康仙庄

关于杜康造酒，有着美丽的传说。远古华夏族经过“神农氏因天之时，分地之利，制耒耜，老农耕作”的原始农耕阶段，发展到建立强大的部落联盟，农耕技术不断提高，粮食产量不断增加的黄帝时期。黄帝让杜姓部落加盟，并封其首领杜康为佐臣，专门管理粮食生产。当时风调雨顺，年年丰收，可是由于不懂如何科学地保存粮食，杜康依照习惯把大量的粮食储存在山洞里，结果大多腐烂。黄帝闻知十分生气，将其降职专责保管粮食，并说如果粮食再腐烂，就处死杜康。

到底采用什么保管方法，粮食才不会腐烂呢？杜康苦苦思索。有一天，杜康来到树林里，发现几棵大树枯死，只剩下粗大的空心树干。他想，树洞里干燥，粮食应该不会坏掉的。于是，他号召大家把树林里凡是枯死的大树一一掏空，将多余的粮食存储在树洞里。不料，过了两年，树洞里的粮食由于长期遭受风吹、日晒、雨淋，慢慢开始发酵。这天，杜康上山查看粮食保管情况，突然发现在一棵装有粮食的枯树周围横七竖八地躺着一些野猪、山羊和兔子。杜康一时纳闷：怎么一下子死了这么多野兽？他迷惑不解地走向前去，定睛一看，原来它们都活着，只不过在睡大觉，不久它们就醒来跑走了。他又发现一只山羊走到装粮食的树洞跟前，用舌头舔那干枯的树皮，不一会儿，便摇摇晃晃地离开了，可走了不远，就躺倒在地上。杜康查看刚才被山羊用舌头舔的树皮，不禁大吃一惊。原来装粮食的树洞已裂开几条缝，由里往外不断渗水。杜康这时才明白，野猪、山羊和兔子就是因为舔吃了这水才躺在地上的。杜康用鼻子闻了闻这渗出来的水，只觉得特别清香，他不禁尝了一下，尽管味道有点辣涩，但气味特别浓香。他越尝越想尝，一连喝了好几口。这时，只觉得头晕目眩，身不由己地躺倒在地上，昏昏沉沉地睡着了。

过了好长时间，他终于醒来了，不知是由于睡了一觉，还是因为喝了这浓香水，这时杜康只觉得精神饱满，浑身有使不完的劲。他顺手解下系在腰间的盛水罐，把从树洞里渗出来的浓香水装在其中，然后疾步回家，向其他人讲述了自己经历的情况，并让大家品尝这浓香水。大伙儿你一口，我一嘴，人人都说好味道。但谁都不明白这是为什么，杜康便提着罐子去找黄帝。

黄帝听完杜康的禀报，又品尝了罐子里的浓香水，当即召见诸大臣，和大家共同商议此事。大臣们一致认为，这是粮食经过发酵后生成的一种元气，不是什么毒水。黄帝不仅没有怪罪杜康，反而让他继续观察，认真揣摩其中的道理。同时，又让仓颉为其起名。仓颉脱口而出，此水香而醇，饮而得神，应名之为“酒”。因此，后人都尊杜康为酿酒始祖，以示纪念。

纵观历史，康公酿美酒，醉了江山，无数英雄，拔剑壮志酬。魏武帝横槊赋诗：“慨当以慷，忧思难忘，何以解忧，唯有杜康。”唐白居易把酒临风：“欲将珠匣青铜镜，换取金樽白玉卮。一茶散闷为功浅，萱纵忘忧得力迟。不似杜康神用速，十分一盏便开眉。”明许时泉《写风情》感叹：“你道是杜康传下瓮头春，我道是嫦娥挤出胭脂泪。”可见，康公佳酿为先贤先哲们留下了无数的千古绝唱。

附：汝阳杜康村杜康泉七彩虾

杜康河泉发源于河南省汝阳县蔡店的杜康村，是当年杜康造酒的遗址。明万历年间修撰的《直隶汝州全志·伊阳（今汝阳县）古籍》载：“杜康趴，城北五十里，杜康造酒处，有杜水，《水经注》名康水。”该志卷九又载：“杜水河，城北五十里，源于牛山，由杜康趴过铜沟至夹河，汇于伊（水），长十里，因杜康造酒于此，故名。”杜康趴，就是现在的杜康村。该村三山环抱，一溪旁流，柳暗花明风景秀丽。村南有一条杜康河，流水潺潺，清澈见底。村之南有一条沟，沟里百泉喷涌，清澈碧透，传说杜康造酒取水于此处，故称为酒泉沟。现在，泉旁上还保存周平王赐名的“酒泉”青石匾额。

还有一处杜康造酒遗址是在陕西省白水县城西北的杜家蟼村。据2000年10月第一次出版的《陕西名人墓》第156页载：“白水县城西北的杜家蟼村，相传是杜康造酒的地方，保存着杜康胜迹。”又载：“《白水县志》记载：‘杜康，字仲宁，为县之康家为人，善造酒。’当地民间，有‘康以酉日死，故酉日不饮酒会客’的古老习惯。”

“为了纪念这位造酒始祖，后人在他当年酿造的多处旧址上，建造‘杜康庙’垒起‘杜康墓’，立碑篆刻了《杜康传》。将大蟼命名命‘杜康沟’，造酒的泉水命名‘杜康泉’，附近的村庄命名为‘杜康蟼村’。”

杜康泉的由来：由于受地壳的变化，伏牛山脉西泰山和嵩山山脉的双向挤压，深层地脉凸起变化，顺着地质页岩脉气层的透水涌出，形成泉眼，取名杜康泉。此地，地灵人杰，历史文化底蕴浓厚，自然资源丰富，杜康泉依然潺潺地流淌着，泉水富含丰富的矿物质，动植物需要的微量元素，促使动植物的生长发育。来到这里的人们被告知，喝了这样的泉水可以生出双胞胎，并且言之凿凿地证明，附近的杜康村里就有很多双胞胎。面对严峻的计划生育政策，人们渴望着一胞多胎，既避免被政策惩罚，又圆了多子多福的梦想，杜康泉好像是为今天怀有这样心态的人而产生的。奇怪的是，并不局限于人类，河道里生长的鸭子产出的鸭蛋大多数也是孪生双黄蛋。我不禁暗暗为杜撰这个典故的人竖起大拇指，在杜康酒的造酒之源旁边已经足以让人肃然起敬，添加了这样美好的典故，岂不让人趋之若鹜？于是过往的人们纷纷用水瓶接起清澈的杜康泉水。更奇怪的是，杜康仙庄的杜康河泉中，从古到今看到一种两两相抱的小虾，来回游动，交配情调，亲情和谐，这是杜康河泉中独有的“五彩鸳鸯虾”。相传，流传千古的“酒泉”天愈旱水愈旺，天愈冷水愈暖，很适合水动物的繁殖生长，形成这一奇特的自然景观。

据查阅汝阳县志和当地人介绍，这种独特的虾有着悠久的历史，只有在仙庄杜康河泉不足200米的特定地段，才会看到这种奇特生物。一旦将它们拿到其他地方或用别处的水存放，该虾就会渐渐不再拥抱，然后慢慢死掉。由于受地域环境和自然资源的影响，造就这种虾长大后不同的季节会呈现出红、白、褐、黑、紫等五种不同颜色，行走时，两两相抱，因而当地人称之为“五彩鸳鸯虾”。至于为什么这里的虾要双双相抱生存，至今都没有确切结论。天然的杜康河泉奠定杜康造秫酒的传说，由天然形成而人为制造，杜康造美酒，杜康泉出佳酿。历史文化与地域自然资源融洽结合，大自然造化的结晶，奠定了杜康美酒，被世代供奉成为酒祖。

我们的先人们被称为“神”的寥寥无几，但他们的确为人类的发展进程做出了巨大贡献。轩辕黄帝发明了车子，解决了交通运输问题；燧人氏钻木取火，解决了人类由生食到熟食的巨大生活习惯，也是人类区别于野兽的一大进步；尧舜禹皆是神一级的非凡人物，但唯独杜康深入人心，也就是说但凡有炊烟袅袅、柳荫饮井之处，都有杜康的传说，这并不是说杜康有多大魅力，只是他的发明创造最贴近人的生活习性。酒是社交场合不可缺少的媒介，酒是野老村夫劳动之余的最好消乏物品，酒是文人墨客挥洒自如的神器，酒是逢年过节走亲访友馈赠之佳品。

远祖帝尧

上联：先帝德润四海麒麟来游驱苍生于仁寿之域

下联：神尧协和万邦凤凰来舞反淳朴于羲皇之前

横批：世循圣道

——杜甫三十九代孙填仓撰联

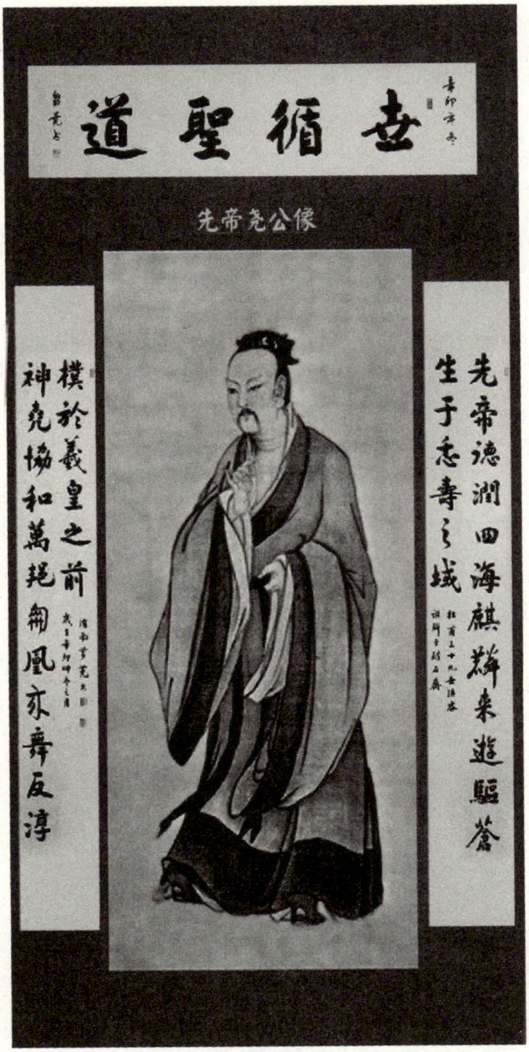

天下杜姓出杜康，但杜康以后的世系缺乏历史记载。杜姓的源头可以比较明确地追溯到尧帝。甫公在《祭远祖当阳君文》中说道："初陶唐氏，出自伊祁，圣人之后，世食旧德。"又在《敬寄族弟唐十八使君》诗文中写道："与君陶唐后，盛族多其人。圣贤冠史籍，技派罗源津。"陶唐氏，也即尧帝，姓伊祁（伊耆），名放勋，是帝喾大儿子，黄帝之玄孙。据《左传·襄公二十四年》记载，杜伯七世孙士匄在与鲁国大夫穆叔对话中提出："昔匄之祖，自虞以上为陶唐氏，在夏为御龙氏，在商为豕韦氏，在周为唐、杜氏，晋主夏盟为范氏。"士匄明确指出，杜姓起源于尧帝，在夏朝称御龙氏，在商朝称豕韦氏，到了周朝，又演变成唐姓，乃至最后定为杜姓。《新唐书·宰相世系表》也说道："杜氏出自伊祁，帝尧裔刘累之后。"杜姓出自伊祁，尧帝是杜姓的远祖，杜姓是华夏最古老的姓氏之一。

尧帝是五帝之一。十三岁辅佐帝挚，封于陶地，十五岁改封于唐地，故号曰陶唐氏。十八岁代挚为天子，都于蒲阪。尧立七十年得舜，后禅位于舜，让位二十八年后死去。尧在中华文明发展史上有着崇高的地位，人称"德圣"。《尚书·尧典》赞曰："昔在帝尧，聪明文思，光宅天下……钦、明、文、思、安安，允恭克让，光被四表，格于上下。克明俊德，以亲九族。九族既睦，平章百姓。百姓昭明，协和万邦。黎民于变时雍。"孔子也称赞道："大哉，尧之为君也！巍巍乎！唯天为大，唯尧则之。荡荡乎！民无能名焉。巍巍乎！其有成功也；焕乎，其有文章！"（《论语·泰伯》）这说明尧帝不仅取得了巨大的功绩，同时开创了礼义文章，功德浩荡，百姓无以称颂。太史公在《史记·五帝本纪》中给予尧帝极高的赞扬："其仁如天，其知如神。就之如日，望之如云。富而不骄，贵而不舒。黄收纯衣，彤车乘白马。能明驯德，以亲九族。九族既睦，便章百姓。百姓昭明，合和万国。"

尧帝为中华文明的发展做出了重大贡献。尧为了管治天下，制定法度，禁止欺诈。他设置谏鼓，让普通人也能对国事发表意见。他树立谤木，鼓励百姓批评自己的过失。他说，如果有一个人挨饿，就是我饿了他；如果有一个人受冻，就是我冻了他；如果有一个人获罪，就是我害了他。尧无微不至地关心百姓，轻徭薄赋，因此百姓都十分拥戴他。他又大力提倡道德与和顺，使天下百姓能融洽相处，使天下万国和谐一致。他命羲和测定推求历法，制定四时成岁，为百姓颁授农耕时令。他从日月星辰的运行推算出一个历法，把时令传授给百姓。他又根据日影长短，测定出了春分、夏至、秋分、冬至，然后，又根据四季确定一年为366天，又用置润办法来调整四时的误差。尧帝有着极高的道德修养，他严肃恭谨，光照四方，上下分明，能团结族人，使邦族之间团结如一家，和睦相处。而他自身为人简朴，吃粗米饭，喝野菜汤，得到人民的广泛爱戴。更为人称道的是他选拔舜于常人之中，并退位让贤，树立了禅让制的优秀传统，得到后世的高度景仰，被儒家奉为圣明君子的典型。

对尧死后葬地，史书上记载很多。《吕氏春秋》云"尧葬谷林"，皇甫谧注曰："谷林即成阳也。"《汉书·地理志》云："济阴成阳有尧冢。"《水经注》引《帝王世纪》云："济阴成阳西北四十里，是为谷林。"《文献通考》载："古曹地尧所居，州东北有尧冢。"在1982年的文物普查中，菏泽胡集村东发现了城垣遗址，是为古汉成阳故城。胡集距西北方向的谷林约20多公里，与文献记载的地望相吻合。在鄄城县群众中间也流传着"尧王虚葬八百墓，唯有真身在谷林"的说法。《濮州志》载："尧陵前有元人立碣，时嘉靖初都御史陈公风梧委知州张寰建尧庙。"而今元碑及尧庙建筑无存。但从"尧陵图"中可以知道，古尧陵围以砖墙，陵前的享殿、东西朝房、更衣亭、圣母殿、大门等建筑，耸立在苍松翠柏之中，蔚为壮观。

尧帝陵位于当今山西省临汾城东35公里的郭村西隅涝河岸。据《临汾县志》记载：尧陵唐初所建。陵高150尺，广200余步。旁皆山石，惟此地为平，土深余丈。陵前现存明嘉靖二十四年(1545)"祭文碑"和光绪二十九年(1903)"帝尧陶唐氏墓碑"各一通。"帝尧陶唐氏墓碑"立于尧陵封土前，墓碑阳面共25字为濮州知州缪润绂书丹。碑正中大字为"帝尧陶唐氏墓"六个大字，上款书"皇清光绪二十九年八月"，下款书"濮州知州缪润绂立石"。"祭文碑"乃明嘉靖二十四年秋濮州知州薛孟率百官致祭尧陵时所立，碑高195厘米，宽84厘米，厚26厘米，龟趺龙首，全文162字，行草，清晰可辨。碑文如下：

越嘉靖二十四年，岁次巳巳，八月享卯朔，越五日乙未，东昌府濮州知州薛孟等谨以羊一豕一致祭于一帝尧陶唐氏之神曰：惟神当天地气数之中，开万古文明之治，阐精一而心学之要始，传官天下而揖逊云风始著，是以峻德则天而荡荡难明，放勋配地而悠久不息，殒落于二十八载之后，卜谷林之胜以幽居，既湮灭于千百年之间，按谷林之迹而复不见，允宜封表崇祀无疆，盂等兹于仲秋之届，用司笾豆之供，尚、飨。

尧帝在中华文明史上具有崇高的地位，诚如宋代文学家范仲淹谒尧陵诗赞曰："千古如天日，巍巍与善功。禹终平洚水，舜亦致熏风。江海生灵处，乾坤揖让中。乡人不知此，箫管谢年丰。"

附：《史记·五帝本纪·帝尧纪》

帝尧者，放勋。其仁如天，其知如神。就之如日，望之如云。富而不骄，贵而不舒。黄收纯衣，彤车乘白马。能明驯德，以亲九族。九族既睦，便章百姓。百姓昭明，合和万国。

乃命羲、和，敬顺昊天，数法日月星辰，敬授民时。分命羲仲，居郁夷，曰旸谷。敬道日出，便程东作。日中，星鸟，以殷中春。其民析，鸟兽字微。申命羲叔，居南交。便程南为，敬致。日永，星火，以正中夏。其民因，鸟兽希革。申命和仲，居西土，曰昧谷。敬道日入，便程西成。夜中，星虚，以正中秋。其民夷易，鸟兽毛毨。申命和叔；居北方，曰幽都。便在伏物。日短，星昴，以正中冬。其民燠，鸟兽氄毛。岁三百六十六日，以闰月正四时。信饬百官，众功皆兴。

尧曰："谁可顺此事？"放齐曰："嗣子丹朱开明。"尧曰："吁！顽凶，不用。"尧又曰："谁可者？"讙兜曰："共工旁聚布功，可用。"尧曰："共工善言，其用僻，似恭漫天，不可。"尧又曰："嗟，四岳，汤汤洪水滔天，浩浩怀山襄陵，下民其忧，有能使治者？"皆曰鲧可。尧曰："鲧负命毁族，不可。"岳曰："异哉，试不可用而已。"尧于是听岳用鲧。九岁，功用不成。

尧曰："嗟！四岳：朕在位七十载，汝能庸命，践朕位？"岳应曰："鄙德忝帝位。"尧曰："悉举贵戚及疏远隐匿者。"众皆言于尧曰："有矜在民间，曰虞舜。"尧曰："然，朕闻之。其何如？"岳曰："盲者子。父顽，母嚚，弟傲，能和以孝，烝烝治，不至奸。"尧曰："吾其试哉。"于是尧妻之二女，观其德于二女。舜饬下二女于妫汭，如妇礼。尧善之，乃使舜慎和五典，五典能从。乃遍入百官，百官时序。宾于四门，四门穆穆，诸侯远方宾客皆敬。尧使舜入山林川泽，暴风雷雨，舜行不迷。尧以为圣，召舜曰："女谋事至而言可绩，三年矣。女登帝位。"舜让于德不怿。正月上日，舜受终于文祖。文祖者，尧大祖也。

于是帝尧老，命舜摄行天子之政，以观天命。舜乃在璇玑玉衡，以齐七政。遂类于上帝，禋于六宗，望于山川，辩于群神。揖五瑞，择吉月日，见四岳诸牧，班瑞。岁二月，东巡狩，至于岱宗，祡，望秩于山川。遂见东方君长，合时月正日，同律度量衡，修五礼五玉三帛二生一死为挚，如五器，卒乃复。五月，南巡狩；八月，西巡狩；十一月，北巡狩：皆如初。归，至于祖祢庙，用特牛礼。五岁一巡狩，群后四朝。遍告以言，明试以功，车服以庸。肇十有二州，决川。象以典刑，流宥五刑，鞭作官刑，扑作教刑，金作赎刑。眚灾过，赦；怙终贼，刑。钦哉，钦哉，惟刑之静哉！

讙兜进言共工，尧曰不可而试之工师，共工果淫辟。四岳举鲧治鸿水，尧以为不可，岳强请试之，试之而无功，故百姓不便。三苗在江淮、荆州数为乱。于是舜归而言于帝，请流共工于幽陵，以变北狄；放讙兜于崇山，以变南蛮；迁三苗于三危，以变西戎；殛鲧于羽山，以变东夷：四罪而天下咸服。

尧立七十年得舜，二十年而老，令舜摄行天子之政，荐之于天。尧辟位凡二十八年而崩。百姓悲哀，如丧父母。三年，四方莫举乐，以思尧。尧知子丹朱之不肖，不足授天下，于是乃权授舜。授舜，则天下得其利而丹朱病；授丹朱，则天下病而丹朱得其利。尧曰“终不以天下之病而利一人”，而卒授舜以天下。尧崩，三年之丧毕，舜让辟丹朱于南河之南。诸侯朝觐者不之丹朱而之舜，狱讼者不之丹朱而之舜，讴歌者不讴歌丹朱而讴歌舜。舜曰“天也”，夫而后之中国践天子位焉，是为帝舜。

始祖杜伯

上联：祖贡赐姓豕韦建都号唐传自以仁义礼智信

下联：先恒封爵周室立国称杜列自以公侯伯子男

横批：根深叶茂

——杜甫三十九代孙填仓撰联

杜甫在《唐故万年县君京兆杜氏墓志铭》中写道:“其先系统于伊祁,分姓于唐杜,吾祖也,吾知之。远自周室,迄于圣代,传自以仁义礼智信,列自以公侯伯子男。”“分姓于唐杜”,指的是杜姓的正式确立是在唐国之后,得姓始祖为杜伯。公元前2258年,陶唐氏帝尧卒。公元前2255年,虞舜帝姚重华即位,逐帝尧之子丹朱于丹水(今山西翼城西二十五里古唐城),建唐国。至夏孔甲时期(前1880—前1849),陶唐氏衰,唐民一部分南渡黄河,定居今河南鲁山县刘村,建立刘国。据《左传·襄公二十四年》记载,尧帝后人在夏朝为御龙氏,在商朝为豕韦氏,在周朝为唐、杜氏。当时夏后氏的六世孙孔甲为夏王,他好方鬼神,并养了雌雄两条龙,尧帝的裔孙刘累就向豢龙氏学习御龙术,而后替孔甲养龙,并被赐姓为御龙氏。

公元前1766年,成汤子沃乙灭夏,建立商朝。鲁山、太原、翼城等地祁姓、刘姓国民因仇视夏王朝,策应商军攻克夏墟(今山西夏县),立下功勋。因而商王子天乙又恢复山西翼城伊祁氏古唐国,改称南唐国。商王再灭亲夏王的韦国,封刘累后裔于韦。至殷王子武丁时期(前1325—前1266),又迁韦国国君刘贡于夏墟,称西唐国,再封刘贡之子于韦国。西周初,武王崩,成王立,周公辅政,唐地的刘累后裔作乱,参与了纣王之子子武庚的后周之举,周公旦杀子武庚、姬鲜等,立国千年之久的古唐国亦被剿灭。周成王姬诵于公元前1112年(乙丑)封其弟姬虞为唐侯,又称唐叔虞,叔虞之子燮即位,因境内有晋水,改称晋侯。强迁刘累后裔于杜原(今西安市雁塔区山门口乡杜城村),因此地有“杜树”(古称甘棠树,今称野刺梨),称此地名为“杜原”。唐民迁此地后,依附于周,建立杜国,史称“唐杜氏”。

杜伯,为周大夫,事周宣王,在《国语》、《左传》和墨子《墨子》等典籍中都有提及。“伯”乃爵位的一种,也被用作对大夫的尊称。史书云:“周封五等:公、侯、伯、子、男。”杜伯的名字在先秦典籍中没有提及,在《太平广记》中记载名恒,也有族谱称名猷、致禄。据《东周列国志》记载,杜国之君为刘累三十五代裔孙晖。晖生智,智生晳,晳生贯,贯生行义,行义生知,知生鼎方,鼎方生聪,晖下传八代,聪妻曾氏生恒,世袭王位。正值周宣王姬静执政,恒入朝任秉政大夫,封京兆侯,因恒为杜国国君,又封“伯”之爵位,宣王赐恒“杜”

姓，故人称杜恒为“杜伯”。杜国既立，建都于杜城，据宋朝宋敏求所撰写的《长安县志》载：“城周长为三里一百七十三步。”

杜伯之死被广为转载。一种说法是宣王在位期间，有童谣说：“月将升，日将没；桑弓箕袋，几亡周国。”谶云将有女子乱政，有人操桑木做的弓和萁草编的箭袋，将使得周王罹难，周国几近亡国。于是周宣王下令全国禁弓矢，由上大夫杜伯专督此事。恰有山野妇女不明政令，进城售弓矢，遂被杀。宣王以为童谣之言已应，不究此事。后周宣王四十三年（前785）大祭，宣王夜梦美貌女子自西方来，入太庙携太庙神主东去。宣王惊，觉谶语未消，乃杀杜伯。另一种说法是周宣王有宠妃叫女鸠，她看上了英俊的杜伯，想方设法勾引他。杜伯不为所动，女鸠恼羞成怒，在周宣王面前诬告杜伯欺侮她。周宣王听信了女鸠的话，不顾左儒的屡次劝谏，先将杜伯囚禁于焦（今河南省陕县南），又派薛甫和司空锜将其杀害。这两种说法，散见于《国语·周语上》、《墨子·明鬼下》、《太平广记·报应十八》、《论衡·死伪篇》，在历史小说《东周列国志》中第一章《周宣王闻谣轻杀 杜大夫化厉鸣冤》讲的正是这件事。

杜伯被杀后，葬身于杜城。墓址在今西安市雁塔区山门口乡杜城村南二百米处。据《长安县志》载：“杜伯墓在杜城清明渠边。石椁四隅有石柱，以铁索绕之。相传水涨墓开，水落乃封。”杜伯墓坟头高约八尺，方圆丈余，有碑记。据当地老百姓讲，近年坟头被夷为平地，内有岩棺一副，距清明溪约丈余。杜伯被冤死，其子杜隰（又称隰叔）投奔晋国，椐传，杜隰时作《黄鸟三章章七句》诗，作为表示立志复故杜国的志向：

> 黄鸟黄鸟，无集于谷，无啄我粟。此邦之人，不我肯谷。言旋言归，复我邦族。
>
> 黄鸟黄鸟，无集于桑，无啄我梁。此邦之人，不可与明。言旋言归，复我诸兄。
>
> 黄鸟黄鸟，无集于栩，无啄我黍。此邦之人，不可与处。言旋言归，复我诸父。

此诗意言其不善异邦，欲归己国，复兴自己的邦国宗族。然而，从杜隰之子士芀到谷、会、燮、匄、鞅、吉射，都在晋任士师、司空、大将等要职，杜国也无复也。

《新唐书·宰相世系》载刘氏“在周封为杜伯，亦称唐杜氏。至宣王，灭其国。其子隰叔奔晋为士师，生士芀，士芀生士谷，士谷生士会”。杜伯的子孙大多投奔其他诸侯，而那些留在杜城的就以杜为姓氏。杜伯之子隰叔逃奔晋国，后仕晋为士师，其子孙遂为士氏，后食邑于范，又为范氏。杜氏、士氏、范氏三氏同宗同源。公元前687年，秦武公置杜县，在今陕西长安县东少陵原东南端一带。西汉元康六年(前65)，因汉宣帝筑陵于该地，遂改名为杜陵县。西汉将关中地区划为三辅，其中杜陵县属于三辅之一的京兆，从此京兆为杜姓的郡望之地。此地因世居杜氏贵族，故而在唐朝时期便在该地设置“杜曲”地名。后又因其南设杜固地名，后世便称杜曲为北杜，杜固为南杜，两杜之杜氏族人史称杜氏正宗，为杜氏家族的主要组成部分。在历史变革中受战乱、天灾人祸多种因素的影响，杜姓迁移各地，因此除京兆房外，另有襄阳房、洹水房、濮阳房、南阳房等。

附:《东周列国志》第一回

周宣王闻谣轻杀 杜大夫化厉鸣冤

词曰：

道德三皇五帝，功名夏后商周；
英雄五霸闹春秋，顷刻兴亡过手！
青史几行名姓，北郊无数荒丘；
前人田地后人收，说甚龙争虎斗。

话说周朝，自武王伐纣，即天子位，成康继之，那都是守成令主。又有周公、召公、毕公、史佚等一班贤臣辅政，真个文修武偃，物阜民安。自武王八传至于夷王，觐礼不明，诸侯渐渐强大。到九传厉王，暴虐无道，为国人所杀。此乃千百年民变之始，又亏周召二公同心协力，立太子靖为王，是为宣王。那一朝天子，却又英明有道，任用贤臣方叔、召虎、尹吉甫、申伯、仲山甫等，复修文、武、成、康之政，周室赫然中兴。有诗为证：

夷厉相仍政不纲，任贤图治赖宣王。
共和若没中兴主，周历安能八百长！

却说宣王虽说勤政，也到不得武王丹书受戒，户牖置铭；虽说中兴，也到不得成康时教化大行，重译献雉。至三十九年，姜戎抗命，宣王御驾亲征，败绩于千亩，车徒大损，思为再举之计，又恐军数不充，亲自料民于太原。——那太原，即今固原州，正是邻近戎狄之地。料民者，将本地户口，按籍查阅，观其人数之多少，车马粟刍之饶乏，好做准备，征调出征。——太宰仲山甫

进谏不听。后人有诗云:

犬彘何须辱剑铭?隋珠弹雀总堪伤!

皇威亵尽无能报,在自将民料一场。

再说宣王在太原料民回来,离镐京不远,催趱车辇,连夜进城。忽见市上小儿数十为群,拍手作歌,其声如一。宣王乃停辇而听之。歌曰:

月将升,日将没;檿弧箕胞,几亡周国。

宣王甚恶其语。使御者传令,尽掏众小儿来问,群儿当时惊散,止拿得长幼二人,跪于辇下。宣王问曰:"此语何人所造?"幼儿战惧不言;那年长的答曰:"非出吾等所造。三日前,有红衣小儿,到于市中,教吾等念此四句,不知何故,一时传遍,满京城小儿不约而同,不止一处为然也。"宣王问曰:"如今红衣小儿何在?"答曰:"自教歌之后,不知去向。"宣王嘿然良久,叱去两儿。即召司市官吩咐传谕禁止:"若有小儿再歌此词者,连父兄同罪。"当夜回宫无话。

次日早朝,三公六卿,齐集殿下,拜舞起居毕。宣王将夜来所闻小儿之歌,述于众臣:"此语如何解说?"大宗伯召虎对曰:"厚,是山桑木名,可以为弓,故曰臣弧。箕,草名,可结之以为箭袋,故曰箕舵。据臣愚见:国家恐有弓矢之变。"太宰仲山甫奏曰:"弓矢,乃国家用武之器。王今料民太原,思欲报犬戎之仇,若兵连不解,必有亡国之患矣!"宣王口虽不言,点头道是。又问:"此语传自红衣小儿。那红衣小儿,还是何人?"太史伯阳父奏曰:"凡街市无根之语,谓之谣言。上天儆戒人君,命荧惑星化为小儿,造作谣言,使群儿习之,谓之童谣。小则寓一人之吉凶,大则系国家之兴败。荧变火星,是以色红。今日亡国之谣;乃天所以儆王也。"宣王曰:"朕今赦姜戎之罪,罢太原之兵,将武库内所藏弧矢,尽行焚弃,再令国中不许造卖。其祸可息乎?"伯阳父答曰:"臣观天象,其兆已成,似在王宫之内,非关外间弓矢之事,必主后世有女支乱国之祸,况谣言曰'月将升,日将没',日者人君之象,月乃阴类,日没月升,阴进阳衰,其为女主干政明矣。"宣王又曰:"朕赖姜后主六宫之政,甚有贤德,其进御宫嫔,皆出选择,女祸从何而来耶?"伯阳父答曰:"谣言'将升'、'将没'原非目前之事。况'将'之为言,且然百未必之词。王今修德以楔之,自然化凶为吉。弧矢不须焚弃。"宣王闻奏,且信且疑,不乐而罢。起驾回宫。

姜后迎入。坐定,宣王遂将群臣之语,备细述于姜后。姜后曰:"宫中有一异事,正欲启奏。"王问:"有何异事?"姜后奏曰:"今有先王手内老宫人,年五十余，自先朝怀孕，到今四十余年，昨夜方生一女。”宣王大惊，问曰：“此女何在?”姜后曰：“妾思此乃不祥之物，已令人将草席包裹，抛弃于二十里外清水河中矣。”宣王即宣老宫人到宫，问其得孕之故。老宫人跪而答曰：“婢子闻夏桀王末年，褒城有神人化为二龙，降于王庭，口流涎沫，忽作人言，谓桀王曰：‘吾乃褒城之二君也。’桀王恐惧，欲杀二龙，命大史占之，不吉。欲逐去之，再占，又不吉。太史奏道：‘神人下降，必主帧祥，王何不请其康而藏之？策乃龙之精气，藏之必主获福。’桀王命太史再占，得大吉之兆。乃布市设祭于龙前，取金盘收其涎沫，置于朱校之中，——忽然风雨大作，二龙飞去，——桀王命收藏于内库。自殷世历六百四十四年，传二十八主，至于我周，又将三百年，未尝开观。到先王未年，椟内放出毫光，有掌库官奏知先王。先王问：‘椟中何物?’掌库官取簿籍献上，具载藏漾之因。先王命发而观之。恃臣打开金椟，手捧金盘呈上。先王将手接盘，一时失手堕地，所藏涎沫，横流庭下。忽化成小小元富一个，盘旋于庭中，内侍逐之，直入王宫，忽然不见。那时婢子年才一十二岁，偶践富迹，心中如有所感，从此肚腹渐大，如怀孕一般。先王怪婢子不夫而孕，囚于幽室，到今四十年矣。夜来腹中作痛，忽生一女，守宫侍者，不敢隐瞒，只得奏知娘娘。娘娘道此怪物，不可容留，随命侍者领去，弃之沟渎。婢子罪该万死!”宣王曰：“此乃先朝之事，与你无干。”遂将老宫人喝退。随唤守宫侍者，往清水河看视女婴下落。不一时，侍者回报：“已被流水漂去矣。”宣王不疑。

次日早朝，召大史伯阳父告以龙赘之事，因曰：“此女婴已死于沟渎，卿试占之，以观妖气消灭何如?”伯阳父布卦已毕，献上爵词。词曰：“哭又笑，笑又哭。羊被鬼吞，马逢犬逐。慎之慎之。糜弧箕菔!”宣王不解其说。伯阳父奏曰：“以十二支所属推之：羊为未，马为午。哭笑者。悲喜之象。其应当在午未之年。据臣推详，妖气虽然出宫，未曾除也。”宣王闻奏，怏怏不悦。遂出令：“城内城外，挨户查问女婴。不拘死活，有人捞取来献者，赏布帛各三百匹；有收养不报者，邻里举首，首人给赏如数，本犯全家斩首。”命上大夫杜伯专督其事，因繇词又有“匣弧箕筋”之语，再命下大夫左儒，督令司市官巡行庭肆，不许造卖山桑木弓，箕草箭袋，违者处死，司市官不敢怠慢，引着一班胥役，一面晓谕，一面巡绰。那时城中百姓，无不遵依，止有乡民，尚未通晓。巡至次日，有一妇人，抱着几个箭袋，正是箕草织成的，一男子背着山桑木弓十来把，跟随于后。他夫妻两口，住在远乡，赶著日中做市，上城买卖。尚未进城门，被司市官劈面撞见，喝声：“拿下!”手下胥役，先将妇人擒住。那男子见不是头，抛下桑弓在地，飞步走脱。司市官将妇人锁押，连桑弓箕袋，一齐解到大夫左儒处。左儒想："所获二物，正应在谣言，况太史言女人为祸，今已拿到妇人，也可回复王旨。"遂隐下男子不提，单奏妇人违禁造卖，法宜处死。宣王命将此女斩讫。其桑弓箕袋，焚弃于市，以为造卖者之戒。不在话下。后人有诗云：

不将美政消天变，却泥谣言害妇人！

漫道中兴多补阙，此番直谏是何臣。

话分两头。再说那卖桑木弓的男子，急忙逃走，正不知："官司拿我夫妇，是甚缘故?"还要打听妻子消息。是夜宿于十里之外。次早有人传说："昨日北门有个妇人，违禁造卖桑弓箕袋，拿到即时决了。"方知妻子已死。走到旷野无人之处，落了几点痛泪。且喜自己脱祸，放步而行。约十里许，来到清水河边。远远望见百鸟飞鸣，近前观看，乃是一个草席包儿，浮于水面，众鸟以喙衔之，且衔且叫，将次拖近岸来。那男子叫声："奇怪！"赶开众鸟，带水取起席包，到草坡中解看。但闻一声啼哭，原来是一个女婴。想道："此女不知何人抛弃，有众鸟衔出水来，定是大贵之人。我今取回养育，倘得成人，亦有所望。"遂解下布衫，将此女婴包裹，抱于怀中。思想避难之处，乃望褒城投奔相识而去。髯翁有诗，单道此女得生之异：

怀孕迟迟四十年，水中三日尚安然。

生成妖物殃家国，王法如何胜得天！

宣王自诛了卖桑弓箕袋的妇人，以为童谣之言已应，心中坦然，也不复议太原发兵之事。自此连年无话。到四十三年，时当大祭，宣王宿于斋宫。夜漏二鼓，人声寂然。忽见一美貌女子，自西方冉冉而来，直至宫庭。宣王怪他干犯斋禁，大声呵喝，急唤左右擒拿，并无一人答应。那女子全无惧色，走入太庙之中，大笑三声，又大哭三声，不慌不忙，将七庙神主，做一束儿捆着，望东而去。王起身自行追赶，忽然惊醒，乃是一梦。自觉心神恍惚，勉强入庙行礼。九献已毕，回至斋宫更衣，遣左右密召太史伯阳父，告以梦中所见。伯阳父奏曰："三年前童谣之语，王岂忘之那？臣固言：'主有女祸，妖气未除。'繇词有哭笑之语，王今复有此梦，正相符合矣。"宣王曰："前所诛妇人，不足消'厚弧箕触'之谶耶?"伯阳父又奏曰："天道玄远，候至方验。一村妇何关气数哉！"宣王沉吟不语。忽然想起三年前，曾命上大夫杜伯督率司市，查访妖女，全无下落。颁胙之后，宣王还朝，百官谢胙。宣王问杜伯："妖女消息，如何久不回话?"杜伯奏曰："臣体访此女，并无影响。以为妖妇正罪，童谣已验，诚恐搜索不休，必然惊动国人，故此中止。”宣王大怒曰：“既然如此，何不明白奏闻，分明是怠弃朕命，行止自碍。如此不忠之臣，要他何用！”喝教武士：“押出朝门，斩首示众！”吓得百官面如土色。忽然文班中走出一位官员，忙将杜伯扯住，连声：“不可，不可！”宣王视之，乃下大夫左儒，——是杜伯的好友，举荐同朝的。左儒叩头奏曰：“臣闻尧有九年之水，不失为帝；汤有七年之旱，不害为王。天变尚然不妨，人妖宁可尽信？吾王若杀了杜伯，臣恐国人将妖言传播，外夷闻之，亦起轻慢之心。望乞恕之！”宣王曰：“汝为朋友而逆朕命，是重友而轻君也。”左儒曰：“君是友非，则当逆友而顺君；友是君非，则当违君而顺友。杜伯无可杀之罪，吾王若杀之，天下必以王为不明。臣若不能谏止，天下必以臣为不忠。吾王若必杀杜伯，臣请与杜伯俱死。”宣王怒犹未息，曰：“朕杀杜伯，如去莱草，何须多费唇舌？”喝教：“快斩！”武士将杜伯推出朝门斩了。左儒回到家中，自刎而死。髯翁有赞云：

贤哉左儒，直谏批鳞。是则顺友，非则违君。
弹冠谊重，刎颈交真。名高千古，用式彝伦。

杜伯之子隰叔，奔晋，后仕晋为士师之官。子孙遂为士氏，食邑于范，又为范氏。后人哀杜伯之忠，立祠于杜陵，号为杜主，又曰右将军庙，至今尚存。此是后话。

再说宣王次日，闻说左儒自刎，亦有悔杀杜伯之意，闷闷还宫。其夜寝不能寐。遂得一恍惚之疾，语言无次，事多遗忘，每每辍朝。姜后知其有疾，不复进谏。至四十六年秋七月，王体稍豫，意欲出郊游猎，以快心神。左右传命：司空整备法驾，司马戒饬车徒，太史卜个吉日。至期，王乘玉辂，驾六驺，右有尹吉甫，左有召虎，旌旗对对，甲仗森森，一齐往东郊进发。那东郊一带，平原旷野，原是从来游猎之地。宣王久不行幸，到此自觉精神开爽，传命扎住营寨。吩咐军士：“一不许践踏禾稼；二不许焚毁树木；三不许侵扰民居。获禽多少，尽数献纳，照次给赏；如有私匿，追出重罪！”号令一出，人人贾勇，个个争先。进退周旋，御车者出尽驰驱之巧；左右前后，弯弧者夸尽纵送之能，鹰犬借势而猖狂，狐兔畏威而乱窜。弓响处血肉狼藉，箭到处毛羽纷飞。这一场打围，好不热闹！宣王心中大喜。日已挫西，传令散围。众军士各将所获走兽飞禽之类，束缚齐备，奏凯而回。行不上三四里，宣工在玉辇之上，打个眼脸，忽见远远一辆小车，当面冲突而来。车上站着两个人，臂挂朱弓，手持赤矢，向着宣王声喏曰：“吾王别来无恙？”宣王定睛看时，乃上大夫杜伯,下大夫左儒。宣王吃这一惊不小,抹眼之间,人车俱不见。问左右人等,都说:“并不曾见。”宣王正在惊疑。那杜伯左儒又驾着小车子,往来不离玉辇之前。宣王大怒,喝道:“罪鬼,敢来犯驾!”拔出太阿宝剑,望空挥之。只见杜伯左儒齐声骂曰:“无道昏君!你不修德政,妄戮无辜,今日大数已尽,吾等专来报冤。还我命来!”后未绝声,挽起朱弓,搭上赤矢,望宣王心窝内射来。宣王大叫一声,昏倒于玉辇之上,慌得尹公脚麻,召公眼跳,同一班左右,将姜汤救醒,兀自叫心痛不已。当下飞驾入城,扶着宣王进宫。各军士未及领赏,草草而散。正是:乘兴而来,败兴而返。髯翁有诗云:

赤矢朱弓貌似神,千军队里骋飞轮。

君王在杀还须报,何况区区平等人。

源祖预公

上联：指授群帅迫降孙皓平东吴三分归一统

下联：智名克彰损益万机称武库皇封当阳侯

横批：缉熙敬之

——杜甫三十九代孙填仓撰联

据历史记载，从杜伯到西晋预公共二十五代计九百五十余年，预公为杜伯第二十五世孙。预公(222—285)，字元凯，京兆杜陵(今陕西西安东南)人。预公乃西晋时期著名的政治家、军事家和学者，灭吴统一战争的统帅之一，历官曹魏尚书郎、河南尹、度支尚书、镇南大将军、当阳县侯，官至司隶校尉。功成之后，耽思经籍，博学多通，多有建树，被誉为“杜武库”，著有《春秋左氏经传集解》及《春秋释例》等。

源祖杜预像

预公在历史上有着崇高的地位。预公十三代孙杜甫极为仰慕这位先祖，专门撰有《祭远祖当阳君文》，纪念预公的丰功伟绩，并在祭文中写道：“降及武库，应乎虬精。恭闻渊深，罕得窥测，勇功是立，智名克彰。缮甲江陵，祲清东吴。邦于南土，建侯于荆。河水活活，选舟为梁。洪涛奔汜，未始腾毒。《春秋》主解，稿隶躬亲。”《晋书》中详细记载了预公的生平事迹，并称赞道：“杜预不有生知，用之则习，振长策而攻取，兼儒风而转战。孔门称四，则仰止其三；《春秋》有五，而独擅其一，不其优欤！夫三年之丧，云无贵贱。轻纤夺于在位，可以兴嗟；既葬释于储君，何其斯酷。徇以苟合，不求其正，以当代之元良，为诸侯之庶子，檀弓习于变礼者也，杜预其有焉。赞曰：昔之誓旅，怀经罕素。元凯文场，称为武库。”

预公的威名得到无数后人的景仰，如姚思廉在赞曰：“昔邓禹基于文学，杜预出自儒雅，卒致军功，名著前代。”杜牧将预公与诸先贤并列：“周有齐太公，秦有王翦，两汉有韩信、赵充国、耿恭、虞诩、段颎，魏有司马懿，吴有周瑜，蜀有诸葛武侯，晋有羊祜、杜公元凯，梁有韦睿，元魏有崔浩，周有韦孝宽，隋有杨素，国朝有李靖、李勣、裴行俭、郭元振。如此人者，当此一时，其所出计画，皆考古校今，奇秘长远，策先定于内，功后成于外。”儒学泰斗程颐从学术的角度也给予了预公极高的评价：“常爱杜元凯语，若江海之波，膏泽之润，涣然冰释，怡然理顺，然后为得也。”他的威名也震撼了唐王李世民，曾诏令房玄龄等撰《晋书》把预公重大功绩，尽收传记，并于贞观二十一年(647)诏令历代先贤二十二人配享孔庙，其中就包括预公，建中三年(782)，礼仪使颜真卿向唐德宗建议，追封古代名将六十四人，并为他们设庙享奠，预公名列其中。宣和五年(1123)，宋室为古代名将设庙，七十二位名将中亦包括预公，预公是明朝之前唯一的一个同时进入文庙和武庙的历史人物。预公为官三十余年，功业卓著，是杜氏族众的骄傲。时至今日，世人对预公之美名仍“缉熙敬之”。

预公出生于官宦世家。祖父杜畿，官至魏尚书仆射。父杜恕，官至幽州刺史。早在三国时期，魏武帝想找一位贤才治理河东，荀彧即荐预公之祖父杜畿(163—224)，其对曹曰：“西平太守京兆人杜畿，勇气足以应付灾难，智慧足以对待变化。”果不其然，畿公在河东仕官十六个春秋，政通人和，百姓安居，名享一方。他那图难于易、开物成务、富民强国之道，给预公带来了深远的影响。预公之父恕公(198—252)，字伯务，魏明帝时为散骑黄门侍郎。在畿公教诲下，亦深通治国、治军方略，曾上书皇帝，主张刺史不掌兵权，专理民政。杜恕在朝中不结朋党，专心公事，每有政事有得失，都据引纲纪来说理，深得器重。《魏略》称赞他：“恕在弘农，宽和有惠爱。”陈寿也高度评价道：“恕推诚以质，不治饰，少无名誉”，“恕倜傥任意，而思不防患，终致此败”，“恕屡陈时政，经论治体，盖有可观焉”。不难看出，预公毕生精通法律、经济、天算，成为晋代政治、军事文武双全的一位儒将，除其聪睿好学外，与其承蒙先祖智慧施于治世之道不无关系。

预公博学多通，明于兴废之道，常言“德不可以企及，立言立功可庶几也”。预公有着极高的政治才能与军事才能，为西晋的发展做出了突出的贡献。《晋书》载：“文帝嗣立，预尚帝妹高陆公主，起家拜尚书郎，袭祖爵丰乐亭侯(此时预公年三十四岁)。在职四年，转参相府军事。甲申(264)，钟会伐蜀，以预为镇西长史。及会反，僚佐并遇害，唯预以智获免，增邑千一百五十户。”庚寅(270)六月，晋将胡烈在万斛堆讨伐鲜卑秃发树机能，兵败，被杀。扶风王司马亮前往营救，刘旗犹豫观望，不进兵，司马亮连坐被罢免官职。又遣尚书乐陵人石鉴暂时都督秦州一切军务，讨伐树机能。树机能兵力强盛，石鉴派秦州刺史预公出兵攻击，预公认为敌虏乘着胜利的形势，兵强马壮，但是官军内部空虚匮乏，应该合力多运输粮草，等到春天再进讨。石鉴进奏预公延误军需，用槛车送付廷尉，判决用官爵赎罪。此后石鉴征讨树机能，不出预公所料，终究未能获胜。

预公最大的功绩在于率军平吴。丙申(276)，征南大将军羊祜奏请征伐吴国，只有度支尚书预公、中书令张华和皇帝赞成羊祜的计划。后羊祜病重，举拔预公替代自己。晋主任命预公为镇南大将军，都督荆州诸军事。其时，吴主孙皓甚为残暴不仁，君臣上下离心背德。晋益州刺史王濬上奏说："孙皓乖谬谣乱，凶暴异常，应当赶快征讨。如果一旦孙皓身死，另外拥立贤明的君主，就成为劲敌了……"皇帝一开始犹豫不决，且伐吴之策亦受到朝中诸多反对派的强烈反对，预公多次上奏分析利弊，终于坚定了皇帝伐吴的决心，决定起兵伐吴。第二年冬，西晋大规模起兵讨吴。派遣镇东大将军琅琊王司马由从涂中发兵，征东大将军王浑从江西发兵，建威将军王戎从武昌发兵，平南将军胡奋从夏口发兵，镇南将军预公从江陵发兵，龙骧将军王濬，巴东监军鲁国人唐彬从巴、蜀顺流而下，东西共计二十多万人。太康元年(280)正月，预公率军指向江陵，王浑发兵渡江，攻击吴国边防营垒，几乎攻无不克。

预公多才善战，对东吴作战时，因精通战略，在民间流传"以计代战一当万"的歌谣。预公在平吴战争中发挥了重要的作用，一千四百年后，大清皇帝乾隆看过《平吴纪实》，欣然赞批曰："吴国在很短的时间就被灭亡，然而平庸怯懦的人还说应当等待第二年冬天，如果不是杜预竭力排除各种议论，主张进攻，王濬虽然有勇有谋，也必然被王浑牵制，怎么能顺流东下，限定日期成就功业呢！晋武帝命令：王濬接受王浑的节制调度，任用将领不给他们专断的权力，几乎败事。杜预直接到建业去的计策，确实抓住了要点，不愧为平定吴国的头功"。五月，对平吴功勋将帅，加奖晋爵，预公为当阳县侯，增邑并前九千六百户，皇帝封预公三子耽公为亭侯，邑千户，赐绢八千匹。

预公文韬武略，不仅胸藏百万雄兵，而且极富政治才能。甲申(264)，魏咸熙元年七月，司马昭晋爵晋王后，命令预公与车骑将军贾充等人定正律令，即成，预公为之注解(合二十篇，六百二十条，二万七千六百五十七言)。西晋泰始三年(267)事毕，表上。泰始四年正月，大赦天下，乃颁新律。皇帝(司马炎)亲临讲授。为能使新律准确无误快速实施，明法椽张斐又着《律解》二十卷。预公著《律本》二十一卷，经武帝批准，颁诏天下，使之与《晋律》具有同等的法律效力。为此，后人常把《晋律》和张、杜的律注统称"张杜律”。“张杜律”的颁行，尤其是以注释辅助正文的立法形式和礼、律并重的原则，使《晋律》更贴近现实生活，也更容易为执法官吏所掌握和援引。南北朝各代法律大都是以《晋律》为蓝本制定的；而且《晋律》对隋、唐时期的法律制定也提供了理论依据，唐朝的《永徽律疏》就是对“张杜律”的继承。

辛卯(271)，匈奴帅刘猛举兵反，诏预公以散侯定计省闼，俄拜度支尚书，预公乃奏立籍田，建安边，论处军国之要。又作人排新器，兴常平仓，定谷价，校盐运，制课调，内以利国外以救边者五十余条，皆纳焉。戊戌(278)秋，司、冀、兖、豫、扬州洪水泛滥，螟虫伤害农作物。度支尚书预公上奏说：“现在的水灾，东南地区尤为厉害，应该命令兖、豫等各州留下汉代原有的河堤，修理好来蓄积河水，其他的都打破河堤，把水放干，使饥民全能得到鱼类螺蚌的富饶水产品为生，这是眼前能提供的利益。洪水消退以后，淤积的农田，每亩能收几种的田税，这又是明年能提供的利益，典牧的种牛有四万五千多头，从来不用于耕种架车，甚至有到老不穿鼻的，可以分给人民，使得能赶上春天的耕种，收获谷物以后，才征租税，这又是几年以后能提供的利益。”预公任度支尚书七年，增益各种政务，数不胜数。在荆州，预公兴建了一些水利工程。在整修前代河渠的基础上，引滍水、淯水两江之水入田，使一万余顷农田受益。为了使屯田和普通民田均能得到灌溉，又把水渠按照地段标上界石。此外还开凿了从扬口到巴陵的运河一万余里，使夏水和沅、湘两水直接沟通，既解决了长江的排洪问题，又改善了荆州南北间的漕运。杜预的政绩，受到了当地人民的赞扬，老百姓称他为“杜父”，并歌颂说：“后世无叛由杜翁，孰识智名与勇功。”

预公还是一个发明家。西汉时期，作为粮食加工机械的水磨已经得到应用，但都是一轮一磨，水能利用率不高，工效也不大，预公于是对其进行了改进。他将原动轮改成一具大型卧式水轮，在水轮的长轴上安装三个齿轮，各联动三台石磨，共九台水磨，称水转连磨。根据同样的原理，预公还创造了“连机碓”，即用一个水轮带动几个或十几个碓，成倍提高了这种摧击式加工机械的效力。水转连磨(包括连机碓)创制后，便迅速得到了推广使用，给当时人民的生活带来了很大的便利。关于这一发明，魏晋史书多有记载，如石崇有“水碓三十余区”，王戎“广收八方园田水碓”等。《全晋文》卷六十五嵇含《八磨赋》说：“外兄刘景宣作为磨，奇巧特异，策一牛之任，转八磨之重。”预公发明的水转连磨还对北魏产生了影响。如北魏雍州刺史崔亮“续《杜预传》，见为八磨嘉其有济时用，遂教民为碾”(《魏书》卷六十六《崔亮传》)。再如,北魏洛阳的景明寺,“擎光春簸,皆用水功”(《洛阳伽蓝记》卷三)。可见预公水连磨在当时逐渐普及开来。水车水磨、水碓、水碾等大量的使用,反映了古代人民对水力的科学运用。

预公每做一件事,必先筹划,仔细考虑到每一个细节,从不懈怠。有人讥他只会关心这些“小事”,他却认为,大禹、后稷所做之事,在于济世救民,我只要能够做些有利于社会及百姓的事情,至于别的就不考虑那么多了。预公一生身不跨马,射不穿札,而每任大事,辄居将帅之列。待人接物,坦诚恭谨,诲人不倦,敏于事而慎于言。立功之后,从容无事,乃耽思经籍,著《春秋左氏经传集解》(三十卷)。这部巨著可以说是千年来有关研究《左传》的集大成之作。直到现在,凡研究此书的学者,仍要参考他的这部集解,现收入《十三经注疏》之中。此外他又作盟会图,春秋长历,备成一家之学。当时人王济善相马,也非常爱马,贵族和峤爱钱善聚敛,所以预公常称:“济有马癖,峤有钱癖。”晋武帝听到后,问他说:“卿有何癖?”预公对曰:“臣有《左传》癖。”这一故事千百年来,传为美谈。

预公长子锡公,字世嘏,少有盛名,起家长沙王乂文学,累迁太子中舍人,生子乂。后裔在唐出过淹公、如晦公、黄裳公、元颖公、审权公、让能公,共六位宰相。次子跻公,史无记载。三子耽公,仕晋凉州刺史。少子尹公,在晋仕弘农太守,其家谱比较完善,子孙在唐朝出过佑公、宗公二位宰相和著名诗人牧公等。

附一:《晋书·杜预传》

杜预,字元凯,京兆杜陵人也。祖畿,魏尚书仆射。父恕,幽州刺史。预博学多通,明于兴废之道,常言:“德不可以企及,立功立言可庶几也。”初,其父与宣帝不相能,遂以幽死,故预久不得调。文帝嗣立,预尚帝妹高陆公主,起家拜尚书郎,袭祖爵丰乐亭侯。在职四年,转参相府军事。钟会伐蜀,以预为镇西长史。及会反,僚佐并遇害,唯预以智获免,增邑千一百五十户。

与车骑将军贾充等定律令,既成,预为之注解,乃奏之曰:“法者,盖绳墨之断例,非穷理尽性之书也。故文约而例直,听省而禁简。例直易见,禁简难犯。易见则人知所避,难犯则几于刑厝。刑之本在于简直,故必审名分。审名分者,必忍小理。古之刑书,铭之钟鼎,铸之金石,所以远塞异端,使无淫巧也。今所注皆纲罗法意,格之以名分。使用之者执名例以审趣舍,伸绳墨之直,去析薪之理也。”诏班于天下。

泰始中,守河南尹。预以京师王化之始,自近及远,凡所施论,务崇大体。受诏为黜陟之课,其略曰:“臣闻上古之政,因循自然,虚己委诚,而信顺之道应,神感心通,而天下之理得。逮至淳朴渐散,彰美显恶,设官分职,以颁爵禄,弘宣六典,以详考察。然犹倚明哲之辅,建忠贞之司,使名不得越功而独美,功不得后名而独隐,皆畴咨博询,敷纳以言。及至末世,不能纪远而求于密微,疑诸心而信耳目,疑耳目而信简书。简书愈繁,官方愈伪,法令滋章,巧饰弥多。昔汉之刺史,亦岁终奏事,不制算课,而清浊粗举。魏氏考课,即京房之遗意,其文可谓至密。然由于累细以违其体,故历代不能通也。岂若申唐尧之旧,去密就简,则简而易从也。夫宣尽物理,神而明之,存乎其人。去人而任法,则以伤理。今科举优劣,莫若委任达官,各考所统。在官一年以后,每岁言优者一人为上第,劣者一人为下第,因计偕以名闻。如此六载,主者总集采案,其六岁处优举者超用之,六岁处劣举者奏免之,其优多劣少者叙用之,劣多优少者左迁之。今考课之品,所对不钧,诚有难易。若以难取优,以易而否,主者固当准量轻重,微加降杀,不足复曲以法尽也。《己丑诏书》以考课难成,听通荐例。荐例之理,即亦取于风声。六年顿荐,黜陟无渐,又非古者三考之意也。今每岁一考,则积优以成陟,累劣以取黜。以士君子之心相处,未有官故六年六黜清能,六进否劣者也。监司将亦随而弹之。若令上下公相容过,此为清议大颓,亦无取于黜陟也。”

司隶校尉石鉴以宿憾奏预,免职。时虏寇陇右,以预为安西军司,给兵三百人,骑百匹。到长安,更除秦州刺史,领东羌校尉、轻车将军、假节。属虏兵强盛,石鉴时为安西将军,使预出兵击之。预以虏乘胜马肥,而官军悬乏,宜并力大运,须春进讨,陈五不可、四不须。鉴大怒,复奏预擅饰城门官舍,稽乏军兴,遣御史槛车征诣廷尉。以预尚主,在八议,以侯赎论。其后陇右之事卒如预策。

是时朝廷皆以预明于筹略,会匈奴帅刘猛举兵反,自并州西及河东、平阳,诏预以散侯定计省闼,俄拜度支尚书。预乃奏立籍田,建安边,论处军国之要。又作人排新器,兴常平仓,定谷价,较盐运,制课调,内以利国外以救边者五十余条,皆纳焉。石鉴自军还,论功不实,为预所纠,遂相仇恨,言论喧哗,并坐免官,以侯兼本职。数年,复拜度支尚书。

元皇后梓宫将迁于峻阳陵。旧制,既葬,帝及群臣即吉。尚书奏,皇太子亦宜释服。预议“皇太子宜复古典,以谅暗终制”,从之。

预以时历差舛，不应晷度，奏上《二元乾度历》，行于世。预又以孟津渡险，有覆没之患，请建河桥于富平津。议者以为殷周所都，历圣贤而不作者，必不可立故也。预曰："'造舟为梁'，则河桥之谓也。"及桥成，帝从百僚临会，举觞属预曰："非君，此桥不立也。"对曰："非陛下之明，臣亦不得施其微巧。"周庙欹器，至汉东京犹在御坐。汉末丧乱，不复存，形制遂绝。预创意造成，奏上之，帝甚嘉叹焉。咸宁四年秋，大霖雨，蝗虫起。预上疏多陈农要，事在《食货志》。预在内七年，损益万机，不可胜数，朝野称美，号曰"杜武库"，言其无所不有也。

附二：自始祖伯公至二十五世祖预公杜氏世系表

一世祖：伯公

伯公，父聪，母曾氏。伯公原名讳恒，为第八代杜国国君。西周宣王静时期（前827—前782）入朝任秉政大夫，赐杜姓，封伯爵，京兆侯。世居杜原（今陕西长安县曲江乡三兆村南）。公元前785年，被周宣王冤杀，葬杜城南郊。

生子：杜隰。

二世祖：杜隰

杜隰，又名士隰、隰叔，父杜伯。周宣王四十三年（前785），父杜伯被冤杀，隰叔携全家逃亡晋国，遂留在晋国避难，后任晋士师之职，其子孙以"士"为姓，因而杜隰又称为士隰。

生子：长曰士蒍，次曰士�。

三世祖：士蒍

士蒍，隰叔子，母康氏。士蒍即《国语·晋语》中之子舆。《左传》庄公二十六年，晋侯以士蒍为大司空。因有功于国，遂以官职为氏，为"士氏"。

生子：士谷。

四世祖：士谷

士谷，即成伯，父士蒍。据《左传·鲁文公二年》（前625）载："六月，穆伯会诸侯及晋司空士谷盟于垂陇，晋讨卫故也。书士谷，堪其事也。"垂陇，郑地，在今河南省荥阳县东北。穆伯为攻打卫国，召集宋公、陈侯、郑伯以及晋国司空士谷于垂陇结盟，士谷被认为堪当重任。

生子：士会。

五世祖:士会

士会,父士谷,晋文公时正卿。因食采于随,后更受范,称随会、随季、随武子,又称范会、范季、范武子。襄公死(前631),奉赵盾之命使秦迎立公子雍,旋变计立灵公,遂羁留秦国。灵公七年(前614)回晋,仍将上军。景公七年(前593),率师灭赤狄之甲氏及留吁、铎辰,升任为中军元帅兼太傅。执掌朝政,修订法制,使得晋之盗贼逃奔四散逃奔。景公八年,告老退休。卒谥武。

生子:长曰士燮,次曰士魴。

此时,另有一些士氏家族之名人,如:士弱,士渥浊之子,晋大夫,谥号贞子;士庆,楚国人,大夫。公元前611年,楚庄王在位三年,不理朝政,而好隐戏,国家危殆。士庆进谏,言有大鸟,来止南山之阳,三年不飞、不鸣,不知如何?庄王言此鸟不飞以长羽翼,不鸣以观群臣;虽不飞,飞必冲天,虽不鸣,鸣必惊人。于是出其宝玉赐之,并拜为令尹,授相印。士亹,楚庄王之士。

六世祖:士燮

士燮(?—前574),即范文子,父士会,春秋时晋国人。晋景公八年(前592),其父范武子将老,有告燮语,教他跟随几位大夫恭敬从事。景公十一年(前589),齐攻鲁卫,晋救之,士燮以上军之佐随却克与齐战于鞍,大胜。历公时,又随中军帅栾书等于秦作战,大胜。(前574)厉公七年,在鄢陵与楚军作战胜利。因厉公骄横奢侈成性,当年六月,士燮忧郁而死。谥文,称范文子。

生子:士匄。

士魴,《御批历代通鉴》记载,士魴乃士会儿子,也叫彘恭子。公元前573年,晋悼公即位于朝,始命魏相、士魴、魏颉、赵武为卿,在京师迎接周天子而立之。公元前572年,晋悼公任命士魴为新军统帅。公元前568年,晋侯在戚地会合诸侯,以戍守陈国,防御楚攻城。士魴协晋侯会合诸侯以救援陈国。公元前563年,周天子派卿士,王叔陈生到晋诉讼戎人。王叔对戍人有二心,士魴就逮捕了他,并把他送回了京师。公元前562年,晋军队在荥阳县梧桐涧、成皋筑城,士魴、魏绛戍守。

七世祖:士匄

士匄,即范宣子,父士燮,晋国大夫。晋厉公七年(前574),起事晋,晋悼公十四年,使将中军,不受,让于荀罃,自任中军佐。晋悼公三年(前570),受悼公之命,出使与晋国不和的齐国。他告诉齐灵公说:“寡君使匄以岁之不易，不虞之不戒，寡君愿与一二兄弟相见，以谋不协，请君临之，使匄乞盟。”齐君恐不盟会招来讨伐，只好与范宣子盟于齐郊，并派太子光盟于鸡泽(今河北邯郸市东)。范宣子成功地完成了挟齐入盟的使命，反映了他超群的外交才能。晋悼公十年(前563)，为了巩固晋宋联盟，范宣子和中行偃建议以诸侯之师消灭妘姓小国逼阳(今山东峄县南)，封给宋国右师向戌。他与荀偃经过五个昼夜的苦战攻克了逼阳。晋国力克逼阳而赠与盟国，不仅深结宋国，对其他盟国诸侯也产生了强烈的感召力，反映了范宣子深谋远虑的战略眼光和外交艺术。

晋平公四年(前554)，荀偃辞世，范宣子继任中军将，执掌国政。此时，早在悼公时就已产生的范氏与栾氏矛盾激化。因为栾书有杀厉公立悼公的功劳，因此栾氏在当时的列卿中与公室关系最密切。栾氏恃功骄横，结怨甚多，列卿中多结好范氏。栾书之孙栾盈便广蓄死士，筹划倒范。其阴谋败露后，范宣子将栾盈驱逐出境，捕杀了栾党箕遗、黄渊、嘉父、司空靖、邴豫、申书、邴师、羊舌虎、叔黑十人。叔向、伯华、籍偃也被牵连入狱。栾氏余党逃亡国外。晋平公八年(前550)，栾盈潜入晋国，在齐国的配合下发动了倒范活动，被范宣子杀死，尽灭了栾氏党族。范宣子剪除栾氏党族的行动，在当时是必要的，其果断处理，避免了晋国的一场内部恶战，避免了国力消耗，对国家与百姓都是有益的。

范宣子执政行事果断，且善于听取批评意见，勇于改正自己的错误。据《左传》襄公二十四年记载，范宣子执政期间，诸侯向晋国的纳贡很重，郑人深以为患。襄公二十四年二月，郑伯使晋，子产托书以告诫范宣子说：“子为晋国，四邻诸侯，不闻令德，而闻重币，侨(子产)也惑之……夫诸侯之贿聚于公室，则诸侯贰；若吾子赖之，则晋国贰。诸侯贰即晋国坏，晋国贰则千之家坏，何没没也，将焉用贿。”范宣子觉悟到子产的话十分中肯，便欣然接受了这个忠告，减轻诸侯纳贡数量，以友结四邻。范宣子能虚心执政，冷静视听，从善如流，闻过则改，及时修正不合宜的政策，其开明性与历史的进步性是十分突出的。

范宣子在刑法建设方面还有着突出的历史功绩。进入春秋时代，随着生产力的进步，社会组织结构和政治经济制度都发生了很大的变化，各诸侯国逐渐出现了成文法。

晋平公八年(前550)，范宣子在以往晋国法典的基础上，制订了一部刑书，即“范宣子刑书”，它是晋国法制史上第一部从国家总法中分离出来的刑事法规。这部刑书问世后，最初被藏于秘府，为贵族所垄断。40年后，由于晋国的各种矛盾进一步激化，统治者面临空前的危机，“戎马不驾，卿无军行，公乘无人，卒列无长。庶民罢敝，而官室滋侈，道殣相望，而女富溢尤。民闻公命，如逃寇雠……”，晋顷公十三年（前513），晋卿赵鞅、荀寅才把范宣子刑书铸在鼎上，公布于众。晋国的刑鼎和前此23年郑国子产所铸的刑书，被公认为我国最早公布的成文法。范宣子刑书是当时政治法律制度的一项重大改革，是已经登上晋国政治舞台的新兴地主阶级意志的法律体现，它的公布是晋国由礼治走向法治的标志。它顺应了历史变革的潮流，对后世也产生了深远的影响。

公元前549年，鲁国的叔孙豹到晋国。范宣子问他说：“古人云‘死而不朽’，这是说的什么？”叔孙豹回答：“豹听说，最高的是树立德行，其次是树立功业，再其次是树立言论。虽然死了很久，也不会废弃，这叫三不朽。”三不朽正是范宣子的毕生追求。晋平公十一年（前547）卒，谥宣。

生子：长曰士鞅，次子士止，三子士尔牟。

八世祖：士止

士止，士匄次子，晋大夫。后因故奔鲁，复为杜姓，称杜止。

生子：泄。

士鞅，士匄长子，晋将军。公元前560年，荀偃率诸侯的军队攻打秦国，栾黡的弟弟栾针与士鞅勇敢的冲到秦军中间。公元前550年，士鞅助晋国人杀死了栾盈。公元前535年秋八月，卫襄公卒，晋大夫言于范献子曰“卫事晋为睦”，使献子如卫吊唁。士鞅自晋悼公十三年就参与政事，为公族大夫，后拜晋国将军，晋定公十一年（前501）去世。生子士吉射。

士弥牟，亦称士伯、士景伯，士匄三子，晋大夫。公元前510年，周天子派王室大夫富辛等到晋国，请求增筑成周的城墙。兄士鞅即派士尔牟为成周的工程制定了方案，计算长度，估计高度，度量厚度，约算沟渠的深度，考察用土的数量，商讨运输的远近，预算完工的日期，计算人工，考虑器材，记载所需的粮食，以命令诸侯服役。此工程三三旬而毕。

九世祖：杜泄

杜泄（前541—前510），父士止，鲁国公室叔孙豹家宰。鲁昭公四年（前538）腊月，公孙豹死，《左传》鲁昭公五年有公使杜泄葬公孙豹之记载，杜泄以义安葬公孙豹后即出走。楚昭公时期（前515—前487），为避季平子乱奔楚。

妻孙氏，生子：绰。

士吉射，即范昭子，士鞅子，谥号昭子。甲辰二十三年（前497），对赵鞅杀邯郸午不满，谋攻晋侯，失败逃奔到朝歌。晋侯以士吉射，庶子士皋夷（范皋夷）代之。晋定公二十二年（前490），士吉射逃到齐国。

十世祖：杜绰

杜绰，父杜泄。生于楚惠王时期。楚声王（前407—前402）时任楚大夫。

妻陈氏，生二子：段、挚。

十一世祖：杜段

杜段，父杜绰，母陈氏。楚宣王时（前369—前340）大夫，殁于楚顷襄王时期。

生子：赫。

杜挚，战国时期秦国人。秦孝公时期（前361—前337）仕秦大夫，与甘龙反对商鞅变法，提出“利不百，不变法，功不十，不易器”之说。遭免职，后复职。

十二世祖：杜赫

杜赫，父杜段。赫文武双全，公元前270年，秦昭襄王三十七年任命范雎（范氏是晋国范氏的后裔。范雎是魏国人，字叔，与杜赫是同宗）为客卿。公元前266年，秦国又任命范雎为丞相，并封他为应侯。杜赫跟随范雎屡建战功，秦王称王于天下，赫被拜为大将军，封于南阳衍邑，号称杜衍。

妻彭氏，生子：秉。

十三世祖：杜秉

杜秉，父杜赫，母彭氏。秦庄王时期（前249—前246）人。曾任上党郡（今山西长治市）太守。

妻周氏，生子：札。

十四世祖：杜札

杜札，父杜秉，母周氏。汉文帝至汉景帝时期（前179—前141）人，曾任南阳太守。

妻吴氏，生子：周。

十五世祖：杜周

杜周，父杜扎，母吴氏，生于汉景帝中元元年（前149）十月十三日亥时，西汉南阳杜衍人。河东义纵为南阳太守时，荐杜周与张汤，举周为廷尉史。

汉武帝元朔二年（前 127），其家以豪族从南阳迁茂陵。汉武帝元狩年间，拜御史中丞。元封二年（前 109），迁廷尉。天汉二年（前 99）左迁为执金吾。天汉三年（前 98），擢御史大夫，位列三公。公元前 95 年 9 月，以疾卒。

妻章氏，生三子：延寿、延考、延年。

十六世祖：杜延年

杜延年，字幼公，父杜周，母章氏。生于汉武帝元朔五年丁巳（前 124）二月十一日申时。公元前 86 年，汉昭帝初立，大将军霍光秉政，以杜延年明法律，品行忠信，宽厚辅佐，补军司空。始元四年（前 83），以平叛功迁谏议大夫。元凤元年（前 80）七月，擢太仆，封建平敬侯，益封二千三百六十户。元康元年（前 65），荣归杜陵。延年公为人安知，备于诸事，久典朝政，居九卿位十余载。后因霍光事免官，数月，复拜北地太守。五凤元年（前 57），任西河太守。五凤三年（前 55），丞相、博阳侯丙吉去世，宣帝亲自前去探望，并问他谁可以代替他做丞相的人，丙吉推荐了杜延年。后延年公于本年六月封为御史大夫。公元前 52 年，卒，谥敬。公元前 51 年，汉宣帝因为汉朝周围的异族纷纷臣服，回想起辅佐大臣们的功劳，便命令在未央宫麒麟阁为功臣画像，并标明他们的官职、爵位、姓名，延年公位列十一功臣。

妻陈氏，生六子：缓、继、他、钦、绪、熊。

杜延寿，字幼平，父杜周，母章氏，为长子，汉武帝时期任河南太守。

杜延考，字幼明，父杜周，母章氏，为次子，汉武帝时期任河东太守。

十七世祖：杜熊

杜熊，字少卿，父杜延年，母陈氏，六子。生于汉宣帝地节二年（前 68）正月初九日申时。按《汉书》记："熊历五郡二千石、三州牧刺史，有能名。"即任过五个郡的太守，三个州的刺史，是一个很有本事的人。

妻黄氏，生子：穰。

杜缓，字符仁，父杜延年，母陈氏，长子。生于武帝太始二年（前 95）七月二十一日。少为郎（皇帝的侍从），汉宣帝本始年间（前 73—前 70），曾以校尉的身份跟随蒲类将军赵充国征讨匈奴，归朝后升任谏议大夫，又升为上谷都尉、雁门太守。其父卒后，他又升任九卿之一的太常，同时掌管诸陵县（皇帝陵墓所在的县称陵县）。他为官省刑惜财，崇尚仁德，待下有恩，故官声很好。汉元帝即位初年，发生饥荒，百姓流亡，杜缓出钱谷数百万，用来救济百姓，施行仁义，深得民心。汉成帝元延二年（前 11）卒。妻丁氏，生子业、彰。

杜继，父杜延年，母陈氏，次子。按《汉书》记：位列朝官。

杜佗，父杜延年，母陈氏，三子。按《汉书》记：位列朝官。

杜钦，字子夏，父杜延年，母陈氏，四子。少好经书，以才能著称京师。一目盲，故不好为吏。汉成帝的舅舅大将军王凤以外戚辅政，素知杜钦有能名，奏请钦为大将军军武库令。成帝为太子时，即以好色闻，杜钦曾对策谏以“正后妾，抑女宠，防奢泰，去佚游，躬节俭，亲万事”。后以病免。征诣大将军幕府，国家政谋，多出于钦。优游不仕，以寿终。

杜绪，父杜延年，母陈氏，五子，任地方官。

十八世祖：杜穰

杜穰，字子饶，父杜熊，母黄氏。生于汉元帝建昭二年（前37）九月十五日申时。曾任谏议大夫等职。

妻郑氏，长子杜敦，次子杜笃。

十九世祖：杜敦

杜敦，字忠信，父杜穰，母郑氏，生于汉成帝元延四年辛亥（前10）六月十九日未时，东汉时任西河郡太守。

妻郑氏，生子：邦。

杜笃，字季雅，父杜穰，母郑氏，生于新王莽始建国三年辛未（11）二月十二日酉时。少博学，不修小节。居美阳，得罪美阳令，被囚，在狱中为大司马吴汉诔文，辞最高，光武帝赐帛免刊，后仕郡文学掾。着有《杜笃文集》，有《明世论》、《论都赋》传世。汉章帝建初三载（78），以从事中郎从马防击西羌，战死射姑山。妻金氏，生子硕。

二十世祖：杜邦

杜邦，字召伯，父杜敦，母郑氏。生于汉光武帝建武二年丙戌（26）七月十四日未时。东汉时任中散大夫。

妻朱氏，生三子：宾、宏、繁。

二十一世祖：杜宾

杜宾：字叔达，父邦，母朱氏。举有道不就。

妻徐氏，生二子：翕、崇。

杜宏，杜邦次子。

杜繁，杜邦三子。

二十二世祖：杜崇

杜崇，字伯括，父宾，母徐氏。汉安帝永初七年癸丑（113）生。曾任司空掾。

妻王氏，生子：畿。

杜翕，父宾，母徐氏，后学道隐于蜀。生一子契。

二十三世祖：杜畿

杜畿，字伯侯，父杜崇，母王氏。三国魏京兆杜陵人。东汉桓帝延熹五年(162)三月二十二日子时生。畿少孤，继母苦之，畿以孝闻乡里。二十岁为郡功曹，守郑县令。由荀彧荐与曹操，曹操以畿为司空司直，迁护羌校尉，使持节，领西平太守。汉献帝建安十一年(206)，拜河东太守。文帝曹丕即王位，畿为尚书，赐爵关内侯。曹丕即帝位，进封丰乐亭侯，邑百户，守司隶校尉。后任尚书仆射，受诏监造御楼船，在孟津试船时遇大风，船倾覆而殁，时年62岁。葬河南福昌县(今宜阳县)。

妻楼氏，生三子：恕、理、宽。

二十四世祖：杜恕

杜恕：字务伯，父杜畿，母楼氏。生于东汉献帝建安三年(198)三月十一日申时。魏明帝曹叡太和年间为散骑、黄门侍郎。恕在朝八年，景初元年为弘农太守，数岁转为赵相河东太守、迁淮北都督护军，拜御史中丞，复出为幽州刺史、加建威将军、使持节、护乌丸校尉。嘉平元年(249)，因与程喜有隙，程喜劾奏恕，朝廷以恕父畿造船沉事殁，将恕免为庶人，徙章武郡。嘉平四年(252)，卒于徙所。甘露二年(257)，时年九十余岁的河东乐详，上书讼畿之遗绩，朝廷感动，诏封恕子预为丰乐亭侯，邑百户。恕著有《体论》八篇、《兴性论》一篇，与父畿同葬于河南福昌县(宜阳县)。

妻刘氏，生子：预。

杜理，字务仲，父杜畿，母楼氏。生于献帝建安十八年岁在癸巳(213)。理少而机察精要，其父杜畿奇之，故起名曰理。魏明帝青龙二年(234)卒，终年21岁。

妻顾氏，生一女。

杜宽，字务叔，父杜畿，母楼氏。生于汉献帝建安二十二年(217年)三月十五日申时。宽清虚玄静、敏而好学，以名臣门户，少长京师，而笃志博学，绝于世务，意欲探赜素隐，由此显名，举孝廉，除郎中。对经传之义，多有见解，可惜草创未就，唯删集《礼记》、《春秋左氏传解》，今存世。魏高贵乡公曹髦甘露四年(259)卒，终年42岁。

妻荀氏，生子：均。

审言公

上联：武后拜之为郎炳灵翰林有重名于天下

下联：中宗命以学士研几策府而独秀于朝端

横批：词感帝王

——杜甫三十九代孙杜填仓撰联

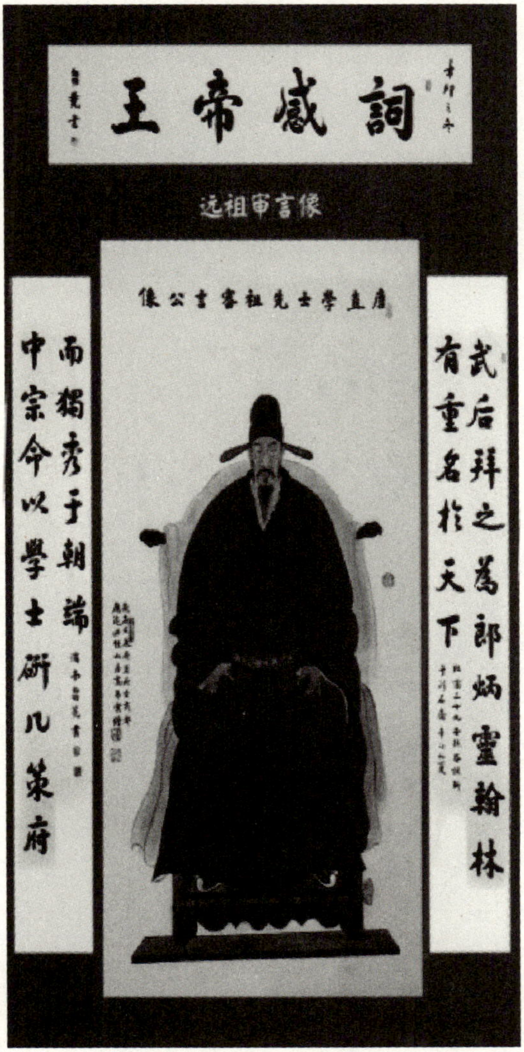

晋驸马都尉镇南大将军当阳成侯预公，根盘邙岭，冠族百世，其后裔出将入相，多为达官显宦，在大唐便有十一位杜氏宰相。预公后经四百四十余年，十一世而至审言公。

审言公(646—708)，字必简。祖籍襄州襄阳(今湖北襄阳)，祖父鱼石公。随父徙居洛州巩县。咸亨元年进士及第，曾仕隰城县尉、蜀川县尉、江阴县丞、洛州洛阳县丞，贬为吉州司户参军，累迁膳部员外郎、修文馆直学士、诏赠著作郎。生四子，长曰闲公，次曰并公，三子专公，四子登公。

审言公才能过人，开一代诗风，在唐代诗歌史上有着重要的影响。陈子昂《送吉州杜司户审言序》序云："杜司户炳灵翰林，研几策府，有重名于天下，而独秀于朝端。徐陈应刘，不得劘其垒；何王沈谢，适足靡其旗。"徐干、陈琳、应玚、刘祯，都是建安时的著名诗人，何逊、王融、沈约、谢朓是六朝优秀作家，陈子昂认为他们都不足与审言公相匹敌。陈子昂这篇序文作于圣历元年(698)，就在前一年，即神功元年(697)，其曾从建安王武攸宜征讨契丹，登苏州北楼，唱出了"前不见古人，后不见来者，念天地之悠悠，独怆然而涕下"的慷慨高迈的诗歌。傅璇琮先生说："陈子昂对诗歌的看法，标准是很高的，但却如此推崇杜审言在诗歌史上的地位。他的这一评价当然不一定允当，但也说明当时人对杜审言诗作评价之高。"

陈子昂在序里又说"而载笔下寮，三十余载"，按作序年往前推，可知审言公二十岁左右，其诗书已扬名于世；又说"含绝唱之音，人皆寡和"，与武平一说"审言誉郁中朝，文高前列"是一致的。陈子昂、武平一和审言公乃同时代人，他们对审言公的高度评价，反映了审言公在当时的巨大影响。

当朝开元进士王泠然曾上书宰相张说，历数前朝文人知名者，并说道："有唐以来，无数才子，至于崔融、李峤、宋之问、沈佺期、富嘉谟、徐彦伯、杜审言、陈子昂，与公连飞并驱，更唱迭和；此数公者，真可谓五百年后诞生矣。"(《唐摭言·卷六》)五百余年后，南宋藏书五万余册、官至侍郎的目录学家陈振孙云："唐初沈宋以来，律诗始盛行，然未以平侧失眼为意；审言诗虽不多，句律极严，无一失粘者，甫之家传有自来矣。"

审言公生于贞观二十年。其时李世民通过推行一系列的政治、经济和军事改革，使得当朝政治开明清廉，生产力迅速发展，经济空前繁荣，社会安定和谐，创造了文化灿烂、民生安定、国力鼎盛的贞观之治。审言公乃依艺公的独生子，阖家享受着“贞观之治”带给人们的社会兴旺、安居乐业的美好生活。高宗李治于永徽六年十一月登基，废王皇后为庶人，立武则天为皇后。当时皇亲贵族之间斗争激烈，房遗爱(房玄龄子)、薛万彻、柴令武三位驸马因密谋造反而被处死，荆王李元果、吴王李格、高阳公主、巴陵公主均赐自尽，房玄龄、长孙无忌、褚遂良、柳奭等均在政治斗争中受到牵连，朝政逐渐归于武则天。

陈冠明在《杜审言年谱》中记述，乾封元年(666)，审言公弱冠之年即被州县辟为僚属。因依艺公刚过世，生活逼迫他在州县衙内谋一个差役，正如陈子昂《送吉州杜司户审言序》云“笔载下僚，三十余年”，由此可知审言公弱冠之年，才华已初露锋芒。审言公出身于周礼鸿儒世家，又因依艺公多在京畿仕官，审言公青少年时代少不了也在国子监接受儒家圣学典籍的熏陶，这为他毕生诗业“独秀于朝端”打下了坚实的基础。

乾封二年(667)，审言公中乡贡进士，赴省试。《新唐书・选举志》记载：“唐制取士之科，多因隋旧，然其大要有三：由学馆选者曰生徒，由州县选者曰乡贡，皆升于有司而进退之，其天子自昭者曰制举。”省试即“天子自昭者”。然唐代科举取士极少，时有“三十老明经，五十少进士”之说，意为三十岁中明经，就算年老了；五十岁中进士，还算是年轻，极言进士及第之不易。总章元年(668)，审言公在长安，省试下第，作《春日京中有怀》云：“今年游寓独游秦，愁思看春不当春。上林苑里花徒发，细柳营前叶慢新。公子南桥佺应尽兴，将军西第几留宾？寄语洛城风与月，明年春色倍还人！”审言公虽下第，亦仍抱负雄心，在州县继续当差的同时，多与上层权贵交往，赋诗助兴，而且还长游京师和东都，在这些充满浓厚的文化气息之地，广交文朋诗友，相识了宋之问、沈佺期、于季子、王勃兄弟等知名诗人，并和李峤、崔融、苏味道结为朋好，世人将“崔李苏杜”并称“文章四友”。

总章三年(670)，高宗把蓬莱宫改为含元宫。春天，国内又遭旱灾，大赦天下，并改年号为咸亨。咸亨元年(670)，审言公二十五岁，获得进士及第，其“试帖诗”为《赋得妾薄命》，取曹植《妾薄命》篇赋得此题，诗云：“草绿长门掩，苔青永巷幽。宠移新爱夺，泪落故情留。啼鸟惊残梦，飞花搅独愁。自怜春色罢，团扇复迎秋。”全诗构思巧妙，诗前段抒发陈皇后被汉武帝废弃在长门宫时的哀怨情绪，后段为薄命之妾感物而自怜，渴求君王早日开恩，得如团扇之迎秋复用。

咸亨二年(671),审言公二十六岁,释褐为汾州隰城县尉。“释褐”乃新及第进士授官之意。据《新唐书·地理志》载,河东道汾州西河郡所属有西河县,西河原名为隰城(在今山西晋中汾阳县)。审言公任隰城县县尉直到咸亨五年(674),常有行役。其《经行岚州》诗云:“北地春光晚,边城气候寒。往来花不发,新旧雪仍残。水作琴中听,山疑画里看。自惊常远役,艰险促征鞍。”据《新唐书·地理志》载,岚州也属河东道,其地与汾州相邻接。此诗既描绘出审言公往来奔波在关山边城之艰辛,又意含苦中作乐、不怕险难的远大抱负。宋代诗人杨万里称“往来花不发,新旧雪仍残”为“佳句”,当代学者付璇琮认为“整首诗写得相当秀整”,表现出审言公青年时期的诗作才华。

陈冠明先生推论审言公在上元三年(676)至仪凤四年、调露元年(679)的四年中,在蜀川县仕县尉。王勃有千古名篇《送杜少府之任蜀川》,这其中“杜少府”指谁,历来未有定论。陈冠明先生认为“杜少府”即审言公。陈先生列出三点理由,并指出:“是年春,王勃当在长安,审言则当于上年罢隰城县尉回京师调选,今春调蜀川为县尉。王勃和审言当春都在长安,才会有分手时王勃赠审言《送杜少府之任蜀川》之诗。”陈先生的论述有理有据,令人信服,但并未言及审言公与王勃之交情,“海内存知己,天涯若比邻”,显然不会赠送给普通的朋友。《旧唐书·王勃传》云:“勃六岁解属文,构思无滞,词情英迈,与兄勔、勮才藻相类。父友杜易简常称之曰:‘此王氏三株树也。’”审言公字必简,与易简同是叔毗公曾孙,也都以诗文名世,从族兄弟两人与王勃父子又有谈诗论文的共同爱好,常来常往切磋书艺诗文,由此而成为知己,历史上也是司空见惯的事了。此外王勃与审言公都是造诣颇深、连飞并驱的诗坛奇才。史书记载:“唐代律诗的成熟,五律在先,七律在后。五律从王绩《野望》到王勃、杨炯大量诗作,已接近成熟。但七律的成熟,是在武后、中宗时的宫廷诗人杜审言、沈佺期、宋之问完成的。”审言公与王勃既是世交,又同为诗坛巨匠,难免惺惺相惜,互相推重。

调露元年(679),审言公三十四岁,罢蜀川县尉,回东京调选。冬,有诗寄赠苏味道。审言公与苏味道毕生为故友至交。仪凤四年,六月改年号为调露,是年,苏味道二次跟随裴行俭讨突厥。审言公《赠苏味道》诗云:“北地寒应苦,南庭戍未归。边声乱羌笛,朔气卷戎衣。雨雪关山暗,风霜草木稀。胡兵战欲尽,虏骑猎犹肥。雁塞何时入,龙城几度围。据鞍雄剑动,插笔羽书飞。舆驾还京邑,朋游满帝畿。方期来献凯,歌舞共春晖。”付璇琮先生曰："这是用五言排律写的边塞诗，是一首完全成熟的律诗，笔力雄健，意境开阔，虽写边地之苦，但并未使人有萧瑟之感，即使放在盛唐也是上乘之作。"

陈冠明先生撰审言公年谱，其中仪凤四年(679)从蜀川县尉离任到垂拱四年(688)十年间记做在某某县尉任，意谓失考。到永昌元年说审言公在朝中任职。另据付璇琮先生论述，永昌元年春初，审言公当在江南东道的毗陵郡。审言公有七律《大酺》诗云："毗陵震泽九州通，士女欢娱万国同。伐鼓撞钟惊海上，新妆袨服照江东。梅花落处疑残雪，柳叶开时任好风。火德云官逢道泰，天长地久属年丰。"陈冠明先生在论及七律《大酺》诗时说："此诗所写的时节与上引的五律《大酺》诗同，五、六两句正是写春初情景。可以注意的是首句提及'毗陵震泽'，三、四句又说'惊海上'、'照江东'，毗陵即常州晋陵郡，据《新唐书》卷四十一《地理志》五，说是'本毗陵郡，天宝元年更名'。"

付璇琮先生又说："让我们再作进一步的探讨。杜审言又有《重九日宴江阴》诗，有'高兴要长寿，卑栖隔近臣'之句，可见其曾在江阴任职。他的著名的《和晋陵陆丞早春游望》诗说：'独有游宦人，偏惊物候新。云霞出海曙，梅柳渡江春。淑气催黄鸟，晴光转绿苹。忽闻歌古调，归思欲沾襟。'据《新唐书·地理志》，晋江、江阴都是毗陵郡的属县。与前面引述过的两首《大酺》诗联系起来，完全有理由推断，在永昌元年间，杜审言在江阴县任县丞、县尉一类的官职，他的《和晋陵陆丞早春游望》诗，正是在江阴任职时，与同郡友任晋陵丞的陆某唱和之作，时间当在永昌元年前后。"付先生认为，现在考出永昌元年前后审言公在江阴任过县丞之职，不仅可以补史之阙文，而且考证了《和晋陵陆丞早春游望》诗的大致时间与地点，这也是一个小小的收获。

审言公与薛氏夫人情深义重。仪凤三年(678)，审言公任蜀川县尉，闲公即出生于是年，是时夫妇身前已儿女双全。因依艺公于麟德二年(665)位终巩县令，审言公仕宦远离故乡，侍奉母亲和教养子女的重担就落在了薛氏夫人身上。后从儿女们的行为及表述，即可知晓薛氏夫人乃属深明义礼之大家闺秀。如甫公在姑母墓志铭中称赞云："盖县君受中和之气，成肃雍之德，其来尚矣。"又云："县君既早习于家风，以阴教为己任，执妇道而纯一，与礼法而终始，可得闻也。"彰显了姑母庄重、和善、坦荡、无私的高贵品质，同时，这也是受祖母薛氏家风熏陶的结果。《并公墓志铭》中说："生而聪敏有老成之量，日诵万言，尤精翰墨，八岁丧母，不胜其哀，每号哭涕泪中有血。”子孙们对薛氏的颂词赞语和对其笃爱之情，可折射出薛氏老夫人是一位受儒家思想熏陶深厚的仁慈才女。

永昌元年，审言公和夫人薛氏已是三个儿子三个女儿的父母，他因仕官常年在外，又逢唐王朝数年发生宫廷恶斗，残害无辜，无法安居京都，薛氏夫人就带领一家老小长住巩县瑶湾笔架山下。这时闲公已长成英俊少年，就读乡里私塾。甫公在《唐故范阳太君卢氏墓志》中说闲公“贵因长子，泽就私门”。次子并公七岁已“日诵万言，尤精翰墨”。甫公又在《唐故万年县君京兆杜氏墓志》中赞扬姑姑：“先人后己，上下敦睦，周给不碍于亲疏，泛爱无择于良贱。”可知在审言公和薛氏夫人以诗书润业，苦心诱导之下，儿女们个个能诗善书，才艺不凡。时下笔架山下杜家大院，早已成为闻名乡里的书香门第。

天授二年(691)，四十六岁的审言公，在江阴县县丞任。一日，县尉送上家中来信，信中说到夫人病重，当审言公急速回到巩县故里时，薛氏已奄奄一息，不久病逝。中年丧妻的大不幸，使审言公老泪纵横，极度悲伤。全家人举哀把薛氏夫人安葬在偃师县首阳山之东原祖坟。安排好家事后，审言公即返江阴县任。

回到江阴任后，受同郡挚友任晋陵陆县令之邀，外出早春游览。陆县令为解审言公丧妻之悲伤而吟唱一首《早春游望》诗，审言公遂作著名的《和晋陵陆丞早春游望》诗。诗题中的陆丞，陈冠明先生认为是陆余庆。《新唐书》本传云：“陆余庆，举制策甲科，补萧尉，累迁阳城尉。武后封嵩山，以辨具劳，擢监察御史，迁大理卿。终太子詹事。雅善赵贞因、卢藏用、陈子昂、杜审言、宋之问、司马承祯等，时号为，方外十友。”陆余庆邀老友审言公相见而互吐衷肠，饮酒论文。此时的他失去了薛氏夫人，深感孤独。时节又到了万物复苏的清明节，虽有“云霞、梅柳、黄鸟、绿苹”如画，可每听到古琴之悲调时，即构起他思念过世的夫人，思念失去慈母的儿女们，故首句即道“独有宦游人，偏惊物候新”。

审言公另有一首《和康五庭芝望月有怀》诗，诗题中的康五，名曰庭芝(？—721)，武则天光宅元年，以乡贡进士重试及第，工诗《望月有怀》名噪一时，沈佺期、宋之问等皆和之。审言公《和康五庭芝望月有怀》诗云：“明月高秋迥，愁人独夜看。暂将弓并曲，翻与扇俱团。雾濯清辉苦，风飘素影寒。罗衣一此鉴，顿使别离难。”诗以望月起，秋来天高，故月迹迥，愁人望月，已自伤秋，何况独夜乎。第二句，凝视秋月之景况，犹如夫妻恩爱而“并曲”对影，似那翻转之绢扇而迎风飘舞。第三句，以望月引思与薛氏之深情，又可怜她在月光下受着夜深露濯之苦，素影又遭飘浮秋风之寒而情更悲伤也。末句合上，望月怀妻，那时隐时现的月光掠影，正是夫人罗裙轻轻飘拂，顿觉“此时相见不相闻”别离之痛也。从言真意深的《和康五庭芝望月有怀》诗意，可透析出审言公和薛氏夫妻二人的真挚情感。

“文章憎命达，魑魅喜人过”，审言公虽才华横溢，然而仕途多有坎坷。陈子昂在《送吉州杜司户审言序》中说道：“群公爱祢衡之俊，留在京师；天子以桓谭之非，谪居外郡。”桓谭，东汉光武时人，博学多才，数从刘歆、扬雄辩疑异。起初光武帝刘秀凭《赤伏符》登上帝位，因此信用谶书，常常拿它来决定怀疑之事。给事中桓潭则坚决反对谶纬神学，“极言谶之非经”，被光武帝目为“非圣无法”，险遭处斩。后被贬，出任六安郡丞，道中病卒。陈子昂借用这两个典故，指审言公直言上谏，触犯了武则天，以至命途多舛。武氏以周代唐，以瑞符欺世。垂拱四年，武承嗣使人凿白石为文曰：“圣母临入，永昌帝业。”使雍州人康同泰献之，称获之洛水。武后喜，命其石曰“宝图”，加以尊号“圣母神皇”，更命“宝图”为“天授圣图”，洛水为“永昌洛水”。此后有年号永昌、天授，又以先于汜水得瑞石，改汜水为广武，诸如此类，史不绝书。武后的瑞符、宝图与光武帝的赤伏符，谶书同出一源。审言公反对瑞符、宝图，得罪了武后，诸事并坐，被降职为吉州司户参军。四百年后的宋朝大诗人黄庭坚还在《寄舒申之户曹》诗中为审言公鸣冤道：“吉州司户官虽小，曾屈诗人杜审言。”

对审言公遭贬时间，陈子昂序中云：“苍龙阉茂，扁舟入吴，告别千秋之亭，回棹五湖之曲。”付先生云：“苍龙阉茂”谓在戌年。武后圣历元年(698)即为戊戌年，这是遭贬时间之一例证。对审言公此次遭贬，群公均赋诗以赠，凡四十五人。陈冠明先生云：“今年，李峤知凤阁侍郎、麟台少监，苏味道试天官侍郎迁凤阁侍郎、同凤阁鸾台平章事，崔融为右史，皆在神都。”此三友不知是否在四十五人之列。今有宋之问《送杜审言》诗存，诗云：“卧病人事绝，嗟君万里行。河桥不相送，江树远含情。别路追孙楚，维舟吊屈平。可惜龙泉剑，流落在丰城。”丰城在吉州之北，据诗，宋之问以“卧病”而“不相送”，不在四十五人之列。是年，审言公已和继室卢氏婚后五载，全家对审言公遭贬甚感无奈，卢氏怕审言公远去吉州孤独，让聪敏好学的次子并公与父同往任所。

审言公虽遭贬谪，但并未因此消沉。陈子昂云“且欲携幽兰，结芳桂，饮石泉以节味，咏商山以卒岁”，意谓审言公欲吟《白雪》之曲，结四方之朋好，犹如商山四皓而长隐那仙山蓬阁矣。“商山四皓”，指的是汉初的东园公、角里先生、绮里季以及夏公，当他们隐于商山（今陕西商县东南）时，年皆八十余。审言公和次子并公到吉州任所后，远近文人墨客慕名而来，父子俩常和客人和诗论文，寄情翰墨，自得其乐。

但老天并未就此罢手，不久又飞来横祸。审言公为人性情爽直，疾恶如仇，他到任不久，看到当地一些官僚贪得无厌，腐败堕落，便给以无情的嘲讽，这样也引来一帮恶势力的忌恨。有一个叫郭若纳的司户，常在司马周季重那里恶语中伤审言公。周季重也早就对这位“词感帝王、名动京师”的人心存妒忌，又见他府上一些常客都往审言公那里跑，担心时间一长，审言公父子名扬吉州，有伤其尊荣。郭若纳的谗言对周季重而言，一语中的，周季重便串通一帮政客，罗织罪名，将审言公下了大牢，并谋划杀害。

面对这飞来横祸，并公悲愤填膺，想到父亲在狱中身受的鞭挞之苦，“于盐酱俱断，形积于毁，口无所言”，内心对残害父亲的几个狗官恨之入骨。其先在州衙状告申冤，却因官府腐败，与地方黑恶势力互相勾结，并公奔波月余，毫无结果，求告无门之时，并公萌生了冒死报仇的念头。圣历二年(699)七月十二日，周季重为将诛除异己而在府内与群党大摆宴席，并公藏匕首于衣袖之内，混入客流之中，乘司马不备，猛朝其前胸连刺数刀，大庭广众骇然失色。并公为能为父报仇而“精神无挠”，视死如归与官兵搏斗，但终因寡不敌众，身中数刀而倒在血泊之中。周季重临死前叹曰：“吾不知杜审言有如此孝道之子，郭若纳误我至此！”吉州众多官民纷纷联名上书，要求为审言公伸冤，惊动了朝野。经查实，审言公确实是被郭若纳、周季重一帮陷害，即被平反昭雪。

并公的灵柩从吉州接回巩县瑶湾，全家人悲痛欲绝。审言公好友文学家苏颋为并公写了墓志铭，赞扬并公：“安亲扬名，奋不顾命；行全志立，殁而犹生。”长安二年(702)四月十二日，把已成年的并公之灵柩迁葬于建春门（即神都外城郭东面中门，见徐松《唐两京城坊考》）东五里（偃师城关杜楼村东）。审言公更痛于儿子为己而惨死，在并公坟旁，他流目四野，抚膺长号，而刻铭曰：“呜呼！淑哲兮不享余庆！玉有碎兮兰有摧，何斯人之斯命，冥冥泉下兮？身可殁兮名逾令。”此事首见于中唐刘肃的《大唐新语》，此外新旧《唐书》、《太平广记》、《唐诗记事》、《唐才子传》等亦有收录，1917 年，在偃师县杜娄村东出土《大唐故京兆男子杜并墓志》亦详述此事。

这件事也惊动了武后。《大唐新语·孝行》记载："则天召见审言，并为杜并事甚加叹异，后授以膳部员外郎之职。"《旧唐书》本传记载稍详云："后则天召见审言，将加以擢用，问曰：'卿欢喜否？'审言蹈舞谢恩，因令作《欢喜诗》，甚加嘉赏，拜著作郎，俄迁膳部员外郎。"武则天闻知此事，召审言入京师，又因欣赏其诗文，授著作佐郎，迁善部员外郎，中宗下诏拜审言公国子监主簿，加修文馆直学士[①]。审言公被武后擢用，一方面，与时任凤阁侍郎、同平章事的苏味道、吏部尚书李峤、眷官崔融三人鼎力推荐有关；另一方面，武后不仅是一位刚强坚毅的女皇，而且还是一位诗人，《全唐诗》存有武后诗五十六首，其周围拥有像陈子昂、宋之问、沈佺期等一大批著名诗人，而"文高前列"的审言公，自然也被武后另眼相看。

长安三年(703)，五十八岁的审言公迁膳部员外郎。十月，扈从武后还神都，十二月扈从武后教阅。据《旧唐书·则天皇后纪》、《资治通鉴》卷二〇七载，武后大足元年冬十月驾幸京师长安，故改元长安，至此还神都。审言公扈从武后车驾，有《扈从出长安应制》诗云："分野都畿列，时乘六御均。京师旧西幸，洛道此东巡……欢娱包历代，宇宙忽疑春。"这是审言公迁膳部员外郎可查例证。陈冠明先生推论是年十二月，武后教阅狩猎，审言公以膳部员外郎扈从。李峤有《奉和杜员外扈从教阅》诗云："杪冬严杀气，穷纪送颓光。薄狩三农隙，大阅五戎场。""杪"意为年月季节末尾，"杪冬"即暮冬，指十二月，这又是审言公迁膳部员外郎例证。此年，张易之、张昌宗两兄弟日夜侍奉在七十九岁的武后左右。

但审言公并未因此而官运亨通。他在膳部员外郎任职到中宗神龙元年(705)，事情又发生了巨大转折。《旧唐书·张易之张昌宗传》载："神龙元年正月，则天病甚。是月二十日，宰臣崔玄韦、张柬之等起羽林军迎太子，至玄武门，斩关而入，诛易之、昌宗于迎仙院，并枭首于天津桥南，则天逊居上阳宫。朝官房融、崔神庆、崔融、李峤、宋之问、杜审言、沈佺期、阎朝隐等文人皆作二张窜逐，凡数十人。苏味道、王无竟亦在贬逐之中。"审言公窜逐之地，旧传作"配流岭外"，较为笼统。新传云"配流峰州"，《唐诗纪事》卷一载云"峰州秦属象郡，汉属交趾群"，在今越南河内西北，离长安七千七百一十

---

① 唐门下省弘文馆、中书省集贤殿书院皆置学士，掌校理图籍，六品以下称直学士。后凡官资较浅者，初入直馆阁，为直学士，班在学士下，待制上。直学士无品秩，充任直学士的官员可以上至三品大员，下至八、九品小官。

里(见《通典》卷一八四页)。

这批文人窜逐时间有宋之问《自洪府舟行直书其事》诗为证,诗云:"仲春辞国门,畏途横万里。""仲春"指二月,"辞国门",即窜逐域外。十月,窜逐人员才走到岭外(广东、广西、越南北部地区),沈佺期有《遥同杜员外审言过岭》诗云:"天长地阔岭头分,去国离家见白云。洛甫风光何所似?崇山瘴疠不堪闻。南浮涨海人何处?北望衡阳雁几群。两地江山万余里,何时重谒圣明君?"审言公有《渡湘江》诗云:"迟日园林悲昔游,今春花鸟作边愁。独怜京国人南窜,不似湘江水北流。"又向西经端州,宋之问有《至端州驿见杜五审言沈三佺期阎五朝隐王二无竞题壁慨然成咏》诗云:"逐臣北地承严谴,谓到南中每相见。岂意南中歧路多,千山万水分乡县。云摇雨散各翻飞,海阔天长音信稀。处处山川同瘴疠,自怜能得几人归?"审言公到达峰州有《旅寓安南》诗云:"交趾殊风候,寒迟暖复催。仲冬山果熟,正月野花开。""仲冬"乃十一月,见到"山果熟",例证审言公在中宗神龙元年十一月前到达峰州。崔融虽然也受了牵连,被贬到袁州(令江西宜春市),但没有多久即被召回。

神龙二年,已过花甲的审言公,贬逐前他和继室卢氏又生一男二女,加前夫人所生三男(因并公遇难)三女,乃十口之家,长子闲公以进士及第,在武功县尉任。一个大家庭的重担就只有卢氏(薛氏亡后五年娶卢氏)一人承担,婚后又逢审言公两次遭贬,经历了并公救父而亡命的灾祸。审言公深知此时夫人在家的处境是何等的艰难。他在《旅寓安南》诗末曰:"积雨生昏雾,轻霜下震雷。故乡逾万里,客思倍从来。"此句意虽写景,乃触景伤情,指当朝朝政紊乱,小人造孽,翻云覆雨,伤害无辜,无数忠良妻离子散,家灭九族,真是晴天霹雳。在辞旧迎新之吉日,他只身万里之外,虽有异乡美景做伴,也难掩佳节倍思亲的悲伤。家事、国事交结于心,思乡之情更加悲切,他又挥毫写了一首《春日怀归》诗,诗云:"心是伤归望,春归异往年。河山鉴魏阙,桑梓忆秦川。花杂芳园鸟,风和绿野烟。更怀欢赏地,车马洛桥边。"

神龙三年(707),审言公六十二岁,在峰州。同被流放岭外一批文人,后又被中宗赦免。李峤、崔融神龙元年(705),即被贬当年据被召还起用(崔融拜国子司业,兼修国史),苏味道在次年春夏之际起用,沈佺期配流獾州(在今越南荣市),最远,故赦还在第三年,宋之问在次年春逃还。审言公与沈佺期配流稍远,故赦还亦在第三年,此亦与武平一上表所说"久从远适"相合。审言公北返当是在年初,三月到广州有《南海乱石山作》诗,诗曰:"涨海积稽天，群山高粜地。相传称乱石，图典失其事……昔去景风涉，今来姑洗至。”陈冠明先生解析说，“南海”指广州，乱石山即在广州蒲涧后（见《方舆胜览》卷三四）。“姑洗”为十二律中的第五律，《史记·律书》云“三月也，律中姑洗”，后因“姑洗”指三月。审言公神龙元年十月过大庾岭，到达峰州当已是年底，甚至可能在第二年春。据此诗，三月已北归经广州，则此三月必是神龙三年三月。否则，宋之问完全可以正常北归，不必采取逃归办法。

回京后，李峤先在神龙二年正月入为吏部尚书同中书门下三品，沈佺期为起居郎，并作有《喜赦》诗云：“去岁投荒客，今春肆眚归。律通幽谷暖，盆举太阳辉。”崔融则在神龙二年（706），因修武则天实录成而封为清河县子，又因作武则天哀册文，用思精苦，于同年发病而亡，享年五十四岁。宋之问则擢为鸿胪主簿。审言公被召还归京，拜国子监主簿，惊闻崔融已亡，痛心疾首，为之服缌麻。景龙二年（708）戊申，审言公六十四岁，在国子监主簿任。时苏颋有《和杜主簿春日有所思》诗云：“朝上高楼上，俯见洛阳陌。摇落吹花风，落英纷已积。美人不共此，芳好空所惜。”其时为暮春，苏在洛阳，而审言公在长安，故云“美人不共此”，又曰“缅怀在云汉”，指审言公在朝廷。

付璇琮先生说：“新旧《唐书》本传都说杜审言的最后官职是修文馆直学士，但未言时间。按《唐会要》卷六十四‘宏文馆’条：‘武德四年正月，于门下省置修文馆，至九年三月改为宏文馆。神龙元年十月十九日改为昭文馆，避孝敬讳故也。二年，又改为修文馆。至景龙二年四月二十二日，修文馆增置大学士四员，学士八员，直学士十二员，征攻文之士以充之。二十三日，敕中书令李峤、兵部尚书宗楚客并为大学士。二十五日，敕秘书监刘宪、中书侍郎崔湜、吏部侍郎岑羲、太常卿郑愔、给事中李适、中书舍人卢藏用、李乂、太子中舍刘子玄为学士。五月五日，敕吏部侍郎薛稷、考功员外郎马怀素、户部员外郎宋之问、起居舍人武平一、国子监主簿杜审言并为直学士。’由此可见，杜审言之为修文馆直学士，是在中宗景龙二年（708）五月。”李峤有《酬杜五弟晴朝独坐见赠》诗，诗云“平明坐虚馆”，即指修文馆，又曰“影低藤架密，香动药阑开”，此为夏季之景，时入馆不久。

景龙年间开修文馆，是初唐诗歌创作鼎盛时期。武平一《景龙文馆记》详载盛事。《新唐书·文艺传·李适传》载：“凡天子飨会游豫，唯宰相学士得从。春幸梨园，夏幸葡萄园，秋登慈恩塔，冬幸新丰。帝有所感即赋诗，学士皆属和。”审言公随高宗游宴，也写了数首应制之作，如《奉和七夕待宴两仪殿应制》诗，诗云：“一年衔别怨，七夕始言归。敛泪开星靥，微步动云衣。

天迥兔欲落，河旷鹊停飞。那堪尽此夜，复往弄残机。”深秋审言公有江南之行，李峤有《和杜学士江南初霁羁怀》和《和杜学士旅次淮口阻风》两首诗可证。

审言公身后留有文集十卷，今已不传，流传下来的只有四十多首诗。审言公的诗多为写景、唱和及应制之作，以浑厚见长。杜甫云：“吾祖诗冠古。”审言公工于五律，在齐梁新体诗到唐代律诗的进程中，特别在五律、七律的成熟方面，有着重要贡献，被后人评论为中国五言律诗的奠基人。《新唐书·艺文志》著录《杜审言集》十卷，当是北宋初年流传之本。《全唐诗》中记载审言公诗四十三首，有五律二十六首，五言排律七首，七言律诗三首，七言绝句三首。甫公对祖父一生献身诗业引为自豪，在上书玄宗《进雕赋表》中云：“亡祖故尚书膳部员外郎先臣审言，修文于中宗之朝，高视于藏书之府，故天下学士到今于而师之。臣幸赖先臣绪业，自七岁所缀诗笔，向四十载矣，约千有余篇。”

对审言公在律诗创作的地位，明朝胡应麟有一个极高的评价，他在《诗薮》一书的内篇卷四中，把审言公的《和晋陵陆丞早春游望》首推为“初唐五律第一”，并说道：“初唐无七言律，五言亦未超然，二体之妙，杜审言实为首创。五言则‘行止皆无地’（即《秋夜宴临津郑明府宅》）、‘独有宦游人’（即《和晋陵陆丞早春游望》），排律则‘六位乾坤动’（即《和李大夫嗣真奉使存抚河东》）、‘北地寒应苦’（即《赠苏味道》），七言则‘季冬除夜’（即《守岁侍宴应制》）、‘毗陵震泽’（即《大酺》），皆极华美英迈。少陵继起，百代楷模，有自来矣。”

审言公约卒于中宗景龙二年（708）。据陈冠明先生推断：“审言卒于今秋，十月十日宋之问等护送审言灵柩归葬。”笔者疑用“归葬”一词不妥。后陈先生又云：“其卒当在秋冬之交，九、十月之间，或是九月。”笔者认为按《礼》，大夫终天后，最长可停尸三个月而葬。甫公在撰祖母墓志铭文中记述：“卢氏太君五月五日卒于陈留私第，春秋六十有九。呜呼！以其载八月旬有一日发引，归葬于河南之偃师。”按《礼》葬之俗，审言公卒于九月，应葬于暮冬。审言公去世后，葬于偃师首阳山前祖茔。过了100余年，甫公的遗骨也归葬这里，与祖父相伴。目前甫公和审言公的墓在偃师市城关镇杜楼村的城关三中校园内（甫公后来又迁葬到巩县），据当地人讲，首阳山电厂修运煤专线时，将审言公的墓迁到了这里，目前只有一块新立的石碑。

附一:陈子昂《送吉州杜司户审言序》

嗟夫！德则有邻,才不必贵。昔有耕于岩石,而名动京师;词感帝王,乃位卑武骑。夫岂不遭昌运哉？盖时命不齐,奇偶有数。当用贤之世,贾谊窜于长沙;居好文之朝,崔骃放于辽海。况大圣提象,群臣守规。

杜司户炳灵翰林,研几策府,有重名于天下,而独秀于朝端。徐、陈、应、刘,不得劘其垒;何、王、沈、谢,适足靡其旗。而载笔下寮三十余载。秉不羁之操,物莫同尘;合绝唱之音,人皆寡和。群公爱祢衡之俊,留在京师;天子以桓谭之非,谪居外郡。

苍龙阏茂,扁舟入吴,告别千秋之亭,回棹五湖之曲。朝廷相送,驻旌盖于城隅;之子孤游,森风帆于天际。白云自出,苍梧渐远,帝台半隐,坐隔丹霄,巴山一望,魂断渌水。于是邀白日,藉青苹,追潇湘之游,寄洞庭之乐,吴歈楚舞,右琴左壶,将以缓燕客之心,慰越人之思。杜君乃挟琴起舞,抗首高歌,哀皓首而未遇,恐青春之蹉跎。且欲携幽兰,结芳桂,饮石泉以节味,咏商山以卒岁。返耕饵术,吾将老焉,群公嘉之,赋诗以赠。凡四十五人,具题爵里。

附二:宋之问《祭杜学士审言文》

维大唐景龙二年岁次戊申月日,考功员外郎宋之问,谨以清酌之奠,敬祭于故修文馆学士杜君之灵:呜呼！位曰大宝,才曰天爵,辞业备而官成,名声高而命薄。屈原不终于楚相,扬雄自投于汉阁,代生人而岂无？人违代而咸若。运钟唐庆,崇文宠儒,国求至宝,家献灵珠,后复有王、杨、卢、骆,继之以子跃云衢。王也才参卿于西陕,杨也终远宰于东吴,卢则哀其栖山而卧疾,骆则不能保族而全躯:由运然也,莫以福寿自卫;将神忌也,不得华实斯俱。惟灵昭昭,庶越诸子,言必得俊,意常通理。其含润也,若和风俗曙,摇露气于春林;其秉艳也,似凉两半晴,悬日光于秋水。众辙同遵者摈落,群心不际者探拟人也不幸而则亡,名兮可大而不死。君之栖遑,自昔迷方,逢时泰兮欲达,闻数奇兮自伤。属文母之丕运,应才子之明扬,援沦秀于兰畹,侍仙游于柏梁。命以著作,拜之为郎,始翔鸳于清列,旋御魅于炎荒。遗旅雁兮超彭蠡,作编人兮居越裳,殊许靖之新适,忆虞翻之旧乡。惟皇龙兴,再施法度,拂洗溟渤,骞翔雨露。通籍于八舍禁门,摇笔于万年芳树,仰赤墀兮非远，谓白首兮方遏。君病何病？到此弥留，药虽饵兮宁愈，针不及兮可忧，虽则妙医莫识，实冀明神获瘳。呜呼哀哉！

君之将亡，其言也善，余向十旬，日或再展。君感斯意，赠言宛转：识金石之契密，悔文章之交浅，命子诫妻，既恳且辨。自予与君，弱岁游执，文翰共许，风露相浥，况穷海兮同窜，复文房兮并入。川流遽阅，隙电初过，昔乘运兮如此，今造冥兮若何？怀君畴好兮恨已积，念君近惠兮情倍多。道之南宅，囷之东粟，使君孤之有余，宁我家之不足。籍籍流议，喧喧薄俗，名全每困于烁金，身没谁恨其埋玉？空落长松千尺，讵置生刍一束？倬彼韦公，赠殷礼缛；善乎崔子，理感情属。相识有素，见贤增勖，登君词赋于云台之上，藏君齿发于缑山之曲。缑氏山兮山上云秦城郊兮郊外坟，孟冬十日兮共归君，君有灵兮闻不闻？我咀瑶肩，君知自久，坐泣焚芝，遥哀画柳。阙视祖载，爰遗卮酒，愿歆悲诚，将告良友。尚飨。

附三：关于审言公恃才傲物问题

《新唐书》本传载："初，审言病甚，宋之问、武平一等省候何如，答曰：'甚为造化小儿相苦，尚何言？然吾在，久压公等，今且死，固大慰，但恨不见替人'云。"付璇琮先生对这一讹传进行了驳斥。他指出："这是很著名的一条轶文，其真实性是大可怀疑的。"一个重要的证据便是宋之问的这篇祭文。祭文称赞了杜审言的文才，对杜审言的文才作了形象的描绘，并在叙述审言公病笃时情况说道："余向十旬，日或再展。君感斯意，赠言宛转：识金石之契密，悔文章之交浅，命子诫妻，既恳具辨。"这当是有关杜、宋交情的第一手材料。就是说，直到临终时，杜还十分感激宋之问的情意，以至"命子诫妻，既恳且辨"。

《唐诗记事·卷六》中也记载着武平一对审言公的评价："审言卒，李峤已下请加命，时武平一表云：'审言誉郁中朝，文高前列，是以升荣粉署，擢秀兰台。往以微瑕，久从远谪。陛下膺图王扆，下制金门，收贾谊于长沙，返蔡邕于左校。审言获登文馆，预丰属车。未献长卿之辞，遽启元瑜之悼。臣等积薪增愧，焚芝盈感，伏乞恩加朱绂，宠及幽泉，假饰终之仪，举哀荣之典。庶弊帷莫弃，坠履无遣。'可以看出武平一对审言也十分推崇，这其间看不出《新唐书》本传所载那样傲慢的情状。"

《大唐新语》开始，就说审言公"恃才謇傲"。新旧《唐书》本传更作了进一步的具体叙述。付先生说:“实际上所举事例,大多经不起推敲。”如《旧唐书》还载:“乾封中,苏味道为天官侍郎,审言预选,试判讫,谓人曰:‘苏味道必死。’人问其故,审言曰:‘见吾判,即自当羞死矣!’”但实际情况是乾封二年(667),苏味道才举进士第,后调为咸阳尉,怎么可能他在乾丰中就已为天官侍郎呢?《新唐书》本传可能看到了这一矛盾,因此没有“乾丰中”三字,只说“苏味道为天官侍郎,审言集判”。但这仍有问题。苏味道于天册万岁年(695)正月贬集州刺史,旋即召为天官侍郎(天官侍郎即吏部侍郎),圣历元年(698)九月又由天官侍郎迁为凤阁侍郎同平章事。这正是杜审言任洛阳丞的时期,都在洛阳,地点也是相合的,但以一个县丞的职位,是不能参与吏部铨试的试判的,因此《新唐书》所载也不能成立。关于此事,最早见于《太平广记》卷二六五所引《谭宾录》,《谭宾录》为五代人所作小说,是不足为据的,其中也记载了杜审言夸诞的话,如:“吾之文章合得屈、宋作衙官,书迹合得王羲之北面。”这也见于新旧《唐书》,恐也是小说家言。

后来少数学者就把“恃才謇傲”之讹传认定是审言公家传遗风。宋时梅尧臣就有“杜诗尝说少陵豪,祖德兼夸翰墨高。苏李为奴令侍席,钟王北面使持毫”。还有传甫公受“遗风”影响,在政治上自比稷契,想“致君尧舜上,再使风俗淳”。更有甚者把“恃才謇傲”讹传波及审言公曾祖叔毗公“事母至孝”为兄报仇事件,这就纯属稀奇古怪之谈了。其实《大唐新语·孝行》内,刘肃自己就把“恃才謇傲”结论为“甚为时辈所妒”,才华之士,被眼红者特意编排些说法,也是常有的事。

附四:审言公诗《全唐诗》卷六十二

南海乱石山作

涨海积稽天,群山高嶪地。相传称乱石,图典失其事。
悬危悉可惊,大小都不类。乍将云岛极,还与星河次。
上耸忽如飞,下临仍欲坠。朝暾艳丹紫,夜魄炯青翠。
穹崇雾雨蓄,幽隐灵仙闭。万寻挂鹤巢,千丈垂猿臂。
昔去景风涉,今来姑洗至。观此得咏歌,长时想精异。

送和西蕃使

使出凤凰池,京师阳春晚。圣朝尚边策,诏谕兵戈偃。

拜手明光殿，摇心上林苑。种落逾青羌，关山度赤坂。
疆埸及无事，雅歌而餐饭。宁独锡和戎，更当封定远。

蓬莱三殿侍宴奉敕咏终南山应制

北斗挂城边，南山倚殿前。云标金阙迥，树杪玉堂悬。
半岭通佳气，中峰绕瑞烟。小臣持献寿，长此戴尧天。

望春亭侍游应诏

帝出明光殿，天临太液池。尧樽随步辇，舜乐绕行麾。
万寿祯祥献，三春景物滋。小臣同酌海，歌颂答无为。

宿羽亭侍宴应制

步辇千门出，离宫二月开。风光新柳报，宴赏落花催。
碧水摇空阁，青山绕吹台。圣情留晚兴，歌管送余杯。

岁夜安乐公主满月侍宴应制

戚里生昌胤，天杯宴重臣。画楼初满月，香殿早迎春。
睿作尧君宝，孙谋梁国珍。明朝元会日，万寿乐章陈。

奉和七夕侍宴两仪殿应制

一年衔别怨，七夕始言归。敛泪开星靥，微步动云衣。
天迥兔欲落，河旷鹊停飞。那堪尽此夜，复往弄残机。

大酺永昌元年

圣后乘乾日，皇明御历辰。紫宫初启坐，苍璧正临春。
雷雨垂膏泽，金钱赠下人。诏酺欢赏遍，交泰睹惟新。

赋得妾薄命

草绿长门掩，苔青永巷幽。宠移新爱夺，泪落故情留。
啼鸟惊残梦，飞花搅独愁。自怜春色罢，团扇复迎秋。

和韦承庆过义阳公主山池五首

野兴城中发，朝英物外求。情悬朱绂望，契动赤泉游。

海燕巢书阁，山鸡舞画楼。雨余清晚夏，共坐北岩幽。
径转危峰逼，桥回缺岸妨。玉泉移酒味，石髓换粳香。
绾雾青丝弱，牵风紫蔓长。犹言宴乐少，别向后池塘。
携琴绕碧沙，摇笔弄青霞。杜若幽庭草，芙蓉曲沼花。
宴游成野客，形胜得仙家。往往留仙步，登攀日易斜。
攒石当轩倚，悬泉度牖飞。鹿麛冲妓席，鹤子曳童衣。
园果尝难遍，池莲摘未稀。卷帘唯待月。应在醉中归。
赏玩期他日，高深爱此时。池分八水背，峰作九山疑。
地静鱼偏逸，人闻鸟欲欺。青溪留别兴，更与白云期。

和晋陵陆丞早春游望

独有宦游人，偏惊物候新。云霞出海曙，梅柳渡江春。
淑气催黄鸟，晴光转绿苹。忽闻歌古调，归思泪沾襟。

秋夜宴临津郑明府宅

行止皆无地，招寻独有君。酒中堪累月，身外即浮云。
露白宵钟彻，风清晓漏闻。坐携余兴往，还似未离群。

和康五庭芝望月有怀

明月高乘迥，愁人独夜看。暂将弓并曲，翻与扇俱团。
露濯清辉苦，风飘素影寒。罗衣一此鉴，顿使别离难。

登襄阳城

旅客三秋至，层城四望开。楚山横地出，汉水接天回。
冠盖非新里，章华即旧台。习池风景异，归路满尘埃。

旅寓安南

文趾殊风候，寒迟暖复催。仲冬山果熟，正月野花开。
积雨生昏雾，轻霜下阵雷。故乡逾万里，客思倍从来。

春日怀归

心是伤归望，春归异往年。河山鉴魏阙，桑梓忆秦川。
花杂芳园鸟，风和绿野烟。更怀欢赏地，车马洛桥边。

代张侍御伤美人

二八泉扉掩，帷屏宠爱空。泪痕消夜烛，愁绪乱春风。
巧笑人疑在，新妆曲未终。应怜脂粉气，留著舞衣中。

送高郎中北使

北狄愿和亲，东京发使臣。马衔边地雪，衣染异方尘。
岁月催行旅，恩荣变苦辛。歌钟期重锡，拜手落花春。

都尉山亭

紫藤萦葛藟，绿刺罥蔷薇。下钓看鱼跃，探巢畏鸟飞。
叶疏荷已晚，枝亚果新肥。胜迹都无限，只应伴月归。

夏日过郑七山斋

共有樽中好，言寻谷口来。薜萝山径入，荷芰水亭开。
日气含残雨，云阴送晚雷。洛阳钟鼓至，车马系迟回。

送崔融

君王行出将，书记远从征。祖帐连河阙，军麾动洛城。
旌旃朝朔气，笳吹夜边声。坐觉烟尘扫，秋风古北平。

经行岚州

北地春光晚，边城气候寒。往来花不发，新旧雪仍残。
水作琴中听，山疑画里看。自惊牵远役，艰险促征鞍。

重九日宴江阴

蟋蟀期归晚，茱萸节候新。降霜青女月，送酒白衣人。
高兴要长寿，卑栖隔近臣。龙沙即此地，旧俗作为邻。

除夜有怀

故节当歌守，新年把烛迎。冬氛恋虬箭，春色候鸡鸣。
兴尽闻壶覆，宵阑见斗横。还将万亿寿，更谒九重城。

晦日宴游

日晦随蓂荚，春情著杏花。解绅宜就水，张幕会连沙。
歌管风轻度，池台日半斜。更看金谷骑，争向石崇家。

七　夕

白露含明月，青霞断绛河。天街七襄转，阁道二神过。
袨服锵环佩，香筵拂绮罗。年年今夜尽，机杼别情多。

守岁侍宴应制

季冬除夜接新年，帝子王孙捧御筵。宫阙星河低拂树，殿廷灯烛上熏天。
弹弦奏节梅风人，对局探钩柏酒传。欲向正元歌万寿，暂留欢赏寄春前。

大　酺

毗陵震泽九州通，士女欢娱万国同。伐鼓撞钟惊海上，新妆袨服照江东。
梅花落处疑残雪，柳叶开时任好风。义德云官逢道泰，天长地久属年丰。

春日京中有怀

今年游寓独游秦，愁思看春不当春。上林苑里花徒发，细柳营前叶漫新。
公子南桥应尽兴，将军西第几留宾。寄语洛城风日道，明年春色倍还人。

扈从出长安应制

分野都畿列，时乘六御均。京师旧西幸，洛道此东巡。
文物驱三统，声名走百神。龙旗萦漏夕，凤辇拂钩陈。
抚迹地灵古，游情皇鉴新。山追散马日，水忆钓鱼人。
禹食传中使，尧樽遍下臣。省方称国阜，问道识风淳。
岁晚天行吉，年丰景从亲。欢娱包万代，宇宙忽疑春。

春日江津游望

旅客摇边思，春江弄晚晴。烟销垂柳弱，雾卷落花轻。
飞棹乘空下，回流向日平。鸟啼移几处，蝶舞乱相迎。
忽叹人皆浊，提防水至清。谷王常不让，深可戒中盈。

泛舟送郑卿入京

帝坐蓬莱殿，恩追社稷臣。长安遥向日，宗伯正乘春。
相宅开基地，倾都送别人。行舟萦渌水，列戟满红尘。
酒助欢娱洽，风催景气新。此时光为命，谁为惜无津。

度石门山

石门千仞断，迸水落遥空。道束悬崖半，桥欹绝涧中。
仰攀人屡息，直下骑才通。泥拥奔蛇径，云埋伏兽丛。
星躔牛斗北，地脉象牙东。开塞随行变，高深触望同。
江声连骤雨，日气抱残虹。未改朱明律，先含白露风。
坚贞深不惮，险涩谅难穷。有异登临赏，徒为造化功。

赠崔融二十韵

十年俱薄宦，万里各他方。云天断书札，风土异炎凉。
太息幽兰紫，劳歌奇树黄。日疑怀叔度，夜似忆真长。
北使从江表，东归在洛阳。相逢慰畴昔，相对叙存亡。
草深穷巷毁，竹尽故园荒。雅节君弥固，衰颜余自伤。
人事盈虚改，交游宠辱妨。雀罗争去翟，鹤氅兢寻王。
思极欢娱至，朋情讵可忘。琴樽横宴席，岩后卧词场。
连骑追佳赏，城中及路傍。三川宿雨霁，四月晚花芳。
复此开悬榻，宁唯入后堂。兴酣鸲鹆舞，言洽凤凰翔。
高选俄迁职，严程已饬装。抚躬衔道义，携手恋辉光。
玉振先推美，金铭旧所防。勿嗟离别易，行役共时康。

赠苏味道

北地寒应苦，南庭戍未归。边声乱羌笛，朔气卷戎衣。
雨雪关山暗，风霜草木稀。胡兵战欲尽，虏骑猎犹肥。
雁塞何时入，龙城几度围。据鞍雄剑动，插书羽书飞。
舆驾还京邑，朋游满帝畿。方期来献凯，歌舞共春辉。

和李大夫嗣真奉使存抚河东

六位乾坤动，三微历数迁。讴歌移火德，图谶在金天。

子月开阶统,房星受命年。祯符龙马出,宝箓凤凰传。
地即交风雨,都仍卜涧瀍。明堂唯御极,清庙乃尊先。
不宰神功运,无为大象悬。八荒平物土,四海接人烟。
已属群生泰,犹言至道偏。玺书傍问俗,旌节近推贤。
秩比司空位,官临御史员。雄词执刀笔,直谏罢楼船。
国有大臣器,朝加小会筵。将行备礼乐,送别仰神仙。
城阙周京转,关河陕服连。稍观汾水曲,俄指绛台前。
姑射聊长望,平阳遂宛然。舜耕余草木,禹凿旧山川。
昔出诸侯上,无何霸业全。中军归战敌,外府绝兵权。
隐隐帝乡远,瞻瞻肃命虔。西河偃风俗,东壁挂星躔。
井邑枌榆社,陵园松柏田。荣光晴掩代,佳气晓侵燕。
雨沛鸿私涤,风行睿旨宣。茕嫠访疾苦,屠钓采贞坚。
人乐逢刑措,时康洽赏延。赐逾秦氏级,恩倍汉家钱。
拥传咸翘首,称觞竞比肩。拜迎弥道路,舞咏溢郊鄽。
杀气西衡白,穷阴北暝玄。飞霜遥渡海,残月迥临边。
缅邈朝廷问,周流朔塞旋。兴来探马策,俊发抱龙泉。
学总八千卷,文倾三百篇。澄清得使者,作颂有人焉。
莫以崇班阂,而云胜托捐。伟材何磊落,陋质几翩翾。
江海宁为让,巴渝转自牵。一闻歌圣道,助曲荷陶甄。

赠苏绾书记

知君书记本翩翩,为许从戎赴朔边。
红粉楼中应计日,燕支山下莫经年。

渡湘江

迟日园林悲昔游,今春花鸟作边愁。
独怜京国人南窜,不似湘江水北流。

戏赠赵使君美人

红粉青娥映楚云,桃花马上石榴裙。
罗敷独向东方去,谩学他家作使君。

甫　公

上联：上追风雅言夺苏李掩颜谢之孤高尽得古今之体势

下联：下该沈宋气吞曹刘杂徐庾其流丽而兼文人之独专

横批：爀世烜俗

——杜甫三十九代孙杜填仓撰联

审言公下三世到太极元年(712),其孙甫公诞生。

甫公(712－770),字子美,自号少陵野老,后世亦称其杜拾遗、杜工部、杜少陵,出生在巩县城东二里瑶湾笔架山下。甫公是我国唐代伟大的现实主义诗人,在中国古典诗歌中的影响非常深远,被后人称为“诗圣”,他的诗被称为“诗史”。他自幼就勤奋读书,自叙“七岁思即壮,开口诵凤凰。九岁书大字,有作成一囊”。少年时涉足翰墨场,显露出他非凡的文学才能。青年时漫游三晋、吴越、齐鲁,结交名贤雅士。三十五岁后,历十余年,授官左拾遗,后遭贬至华州。甫公晚年漂泊无定,大历五年(770)冬卒,时年五十九岁。

杜甫故里大门

甫公“有集六十卷”,大都亡佚,今存诗文一千四百余篇。北宋宝元二年(1039),王洙辑有 1405 篇,编为 18 卷,题为《杜工部集》。此外宋代还有许多杜诗的编年、分类、集注等专书,如郭知达《九家集注杜诗》,鲁编次、蔡梦弼会笺的《杜工部草堂诗笺》,徐居仁编辑的《分门集注杜工部诗》。后世注释杜集的亦在百种以上,较流行的有钱谦益《笺注杜工部集》、仇兆鳌《杜诗详注》、杨伦《杜诗镜铨》和浦起龙《读杜心解》。两宋以后，诗话笔记中评点、解释杜诗的文字非常丰富。传记和新的研究专著有冯至《杜甫传》、萧涤非《杜甫研究》、傅庚生《杜甫诗论》和朱东润《杜甫叙论》。较详实的年谱有闻一多《少陵先生年谱会笺》和四川文史研究馆的《杜甫年谱》。

杜甫塑像

甫公兼备众体，除五古、七古、五律、七律外，还写了不少排律、拗体，运用的艺术手法多种多样，是唐诗发展的集大成者。清杨伦云："自六朝以来，乐府题率多模拟剽窃，陈陈相因，最为可厌。子美出而独就当时所感触，上悯国难，下痛民穷，随意立题，尽脱去前人窠臼。"甫公生活在唐朝由盛转衰的历史时期，其诗多涉笔社会动荡、政治黑暗、人民疾苦，他的诗反映了当时社会矛盾和人民疾苦，记录了唐代由盛转衰的历史巨变，表达了崇高的儒家仁爱精神和强烈的忧患意识。其诗因诗风沉郁顿挫，饱含忧国忧民之思，故被誉为"诗史"。

甫公在我国诗歌史上有着极大的影响。他诗中关心民生疾苦的思想和在律诗方面所取得的成就直接影响了中唐时期元稹、白居易等人的新乐府创作，是新乐府诗体的开路人，促成了中唐时期新乐府运动的发展。他的五七古长篇，亦诗亦史，展开铺叙，而又着力于全篇的回旋往复，标志着中国诗歌艺术的高度成就。社会矛盾重重的宋代更是学习甫公最兴盛的时代，王禹、王安石、苏轼、黄庭坚、陆游等人对甫公推崇备至，出现了以甫公为宗的江西诗派。文天祥在狱中作了 200 首集甫公五言诗，自序里说：“凡吾意所欲言者，子美先为代言之。”苏轼云：“古今诗人众矣，而子美独为首者，岂非以其流落饥寒，终身不用，而一饭未尝忘君也欤！”清初文学评论家金圣叹，把甫公所作之诗，与屈原的《离骚》、庄周的《庄子》、司马迁的《史记》、施耐庵的《水浒传》、王实甫的《西厢记》，合称“六才子书”。鲁迅先生说：“杜甫是中华民族的脊梁！”他晚年与友人讨论中国文学史，以为中古之陶潜、李白、甫公皆第一流诗人，继而又说：“我总觉得陶潜站得稍稍远一点，李白站得稍稍高一点，这也是时代使然。杜甫似乎不是古人，就好像今天还活在我们堆里似的。”

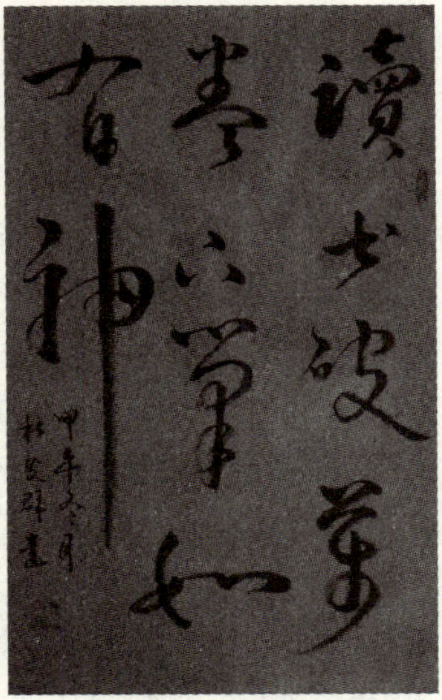
杜甫四十一代孙杜发群书

甫公的影响还远及国外。1481 年，韩国将杜诗翻译成韩文，叫《杜诗谚解》。17 世纪甫公对日本“俳圣”松尾芭蕉的影响尤深。20 世纪，美国现代诗人雷克斯罗斯认为甫公所关心的是人跟人之间的爱，人跟人之间的宽容和同情：“我的诗歌毫无疑问地主要受到杜甫的影响。我认为他是有史以来在史诗和戏剧以外的领域里最伟大的诗人，在某些方面他甚至超过了莎士比亚和荷马，至少他更加自然和亲切。”1961 年 12 月 15 日，在瑞典斯德哥尔摩世界和平理事会上，被评为世界文化名人。

甫公一生命途多舛，晚年穷困潦倒，疾病缠身。大历五年(770)，寓卒湖南。当时家贫无力归葬，暂葬在耒阳，聂令治葬筑墓，背经向南，墓周砌石栏，正面刻有南宋石刻横贴“唐工部杜公之墓”。43 年后，唐宪宗元和八年(813)，其孙杜嗣业遵其父嘱托，将甫公灵柩归葬于先祖墓旁，即洛阳偃师城西首阳山。后又迁于巩县(巩义市)，杜甫的两个儿子宗文、宗武陪葬墓侧，当地群众称“圣人三冢”。

甫公墓位于巩义市康店镇康店村西部邙岭上。占地 34 亩，坐北向南，主体建筑由大门楼、杜甫大型雕像、双层亭、诗圣碑林、杜甫墓、吟诗亭、望乡亭、草亭、献殿等组成。整个景区种植花木三千余株，奇花异草点缀，绿树成荫，松柏辉映，巍伟庄重。另在成都有杜甫草堂，在湖南有杜甫江阁，在陕西有杜工部祠等遗迹。

附一：《旧唐书·杜甫传》

杜甫，字子美，本襄阳人，后徙河南巩县。曾祖依艺，位终巩令。祖审言，位终膳部员外郎，自有传。父闲，终奉天令。

甫天宝初应进士不第。天宝末，献《三大礼赋》。玄宗奇之，召试文章，授京兆府兵曹参军。十五载，禄山陷京师，肃宗征兵灵武。甫自京师宵遁赴河西，谒肃宗于彭原郡，拜左拾遗。房琯布衣时与甫善，时琯为宰相，请自帅师讨贼，帝许之。其年十月，琯兵败于陈涛斜。明年春，琯罢相。甫上书言琯有才，不宜罢免。肃宗怒，贬琯为刺史，出甫为华州司功参军。时关畿乱离，谷食踊贵，甫寓居成州同谷县，自负薪采梠，儿女饿殍者数人。久之，召补京兆府功曹。

上元二年冬，黄门侍郎、郑国公严武镇成都，奏为节度参谋、检校尚书工部员外郎，赐绯鱼袋。武与甫世旧，待遇甚隆。甫性褊躁，无器度，恃恩放恣。尝凭醉登武之床，瞪视武曰："严挺之乃有此儿！"武虽急暴，不以为忤。甫于成都浣花里种竹植树，结庐枕江，纵酒啸咏，与田畯野老相狎荡，无拘检。严武过之，有时不冠，其傲诞如此。永泰元年夏，武卒，甫无所依。及郭英乂代武镇成都，英乂武人粗暴，无能刺谒，乃游东蜀依高适。既至而适卒。是岁，崔宁杀英乂，杨子琳攻西川，蜀中大乱。甫以其家避乱荆、楚，扁舟下峡，未维舟而江陵乱，乃溯沿湘流，游衡山，寓居耒阳。甫尝游岳庙，为暴水所阻，旬日不得食。耒阳聂令知之，自棹舟迎甫而还。永泰二年，啖牛肉白酒，一夕而卒于耒阳，时年五十九。

子宗武，流落湖、湘而卒。元和中，宗武子嗣业，自耒阳迁甫之柩，归葬于偃师县西北首阳山之前。

附二：《新唐书·杜甫传》

甫，字子美，少贫不自振，客吴越、齐赵间。李邕奇其材，先往见之。举进士不中第，困长安。

天宝十三载，玄宗朝献太清宫，飨庙及郊，甫奏赋三篇。帝奇之，使待制集贤院，命宰相试文章，擢河西尉，不拜，改右卫率府胄曹参军。数上赋颂，因高自称道，且言："先臣恕、预以来，承儒守官十一世，迨审言，以文章显中宗时。臣赖绪业，自七岁属辞，且四十年，然衣不盖体，常寄食于人，窃恐转死沟壑，伏惟天子哀怜之。若令执先臣故事，拔泥涂之久辱，则臣之述作虽不足鼓吹《六经》，至沉郁顿挫，随时敏给，扬雄、枚皋可企及也。有臣如此，陛下其忍弃之？"

会禄山乱，天子入蜀，甫避走三川。肃宗立，自鄜州羸服欲奔行在，为贼所得。至德二年，亡走凤翔上谒，拜右拾遗。与房琯为布衣交，琯时败陈涛斜，又以客董廷兰，罢宰相。甫上疏言："罪细，不宜免大臣。"帝怒，诏三司亲问。宰相张镐曰："甫若抵罪，绝言者路。"帝乃解。甫谢，且称："琯宰相子，少自树立为醇儒，有大臣体，时论许琯才堪公辅，陛下果委而相之。观其深念主忧，义形于色，然性失于简。酷嗜鼓琴，廷兰托琯门下，贫疾昏老，依倚为非，琯爱惜人情，一至玷污。臣叹其功名未就，志气挫衄，觊陛下弃细录大，所以冒死称述，涉近讦激，违忤圣心。陛下赦臣百死，再赐骸骨，天下之幸，非臣独蒙。"然帝自是不甚省录。

时所在寇夺，甫家寓鄜，弥年艰窭，孺弱至饿死，因许甫自往省视。从还京师，出为华州司功参军。关辅饥，辄弃官去，客秦州，负薪采橡栗自给。流落剑南，结庐成都西郭。召补京兆功曹参军，不至。会严武节度剑南东、西川，往依焉。武再帅剑南，表为参谋，检校工部员外郎。武以世旧，待甫甚善，亲至其家。甫见之，或时不巾，而性褊躁傲诞，尝醉登武床，瞪视曰："严挺之乃有此儿！"武亦暴猛，外若不为忤，中衔之。一日欲杀甫及梓州刺史章彝，集吏于门。武将出，冠钩于帘三，左右白其母，奔救得止，独杀彝。武卒，崔旰等乱，甫往来梓、夔间。

大历中，出瞿唐，下江陵，溯沅、湘以登衡山，因客耒阳。游岳祠，大水遽至，涉旬不得食，县令具舟迎之，乃得还。令尝馈牛炙白酒，大醉，一昔卒，年五十九。

甫旷放不自检，好论天下大事，高而不切。少与李白齐名，时号"李杜"。尝从白及高适过汴州，酒酣登吹台，慷慨怀古，人莫测也。数尝寇乱，挺节无所污，为歌诗，伤时挠弱，情不忘君，人怜其忠云。

附三:《唐才子传·杜甫传》

甫,字子美,京兆人。审言生闲,闲生甫。少贫不自振,客吴越、齐赵间。李邕奇其材,先往见之。举进士不中第,困长安。天宝十载,玄宗朝献太清宫、飨庙及郊,甫奏赋三篇,帝奇之,使待诏集贤院,命宰相试文章。擢河西尉,不拜,改右卫率府胄曹参军。数上赋颂,高自称道,且言:“先臣恕、预以来,承儒守官十一世,迨审言以文章显。臣赖绪业,自七岁属辞,且四十年,然衣不盖体,常寄食于人,窃恐转死沟壑,伏惟天子哀怜之。若令执先臣故事,拔泥涂久辱,则臣之述作,虽不足鼓吹六经,先鸣数子,至沉郁顿挫,随时敏给,扬雄、枚皋,可企及也。有臣如此,陛下其忍弃之!”

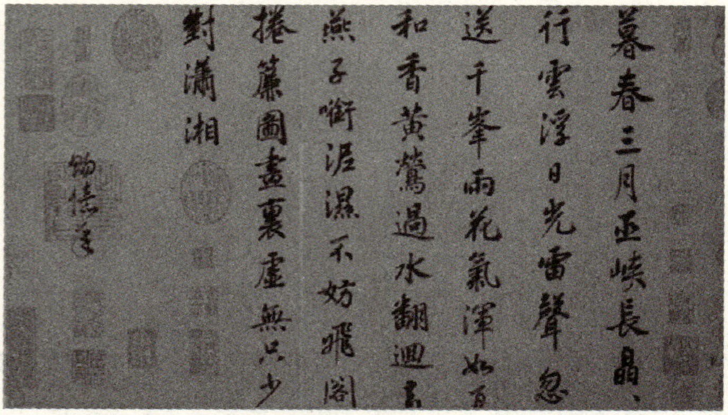

暮春三月诗帖　宋高宗书

会禄山乱,天子入蜀,甫避走三川。肃宗立,自鄜州羸服欲奔行在,为贼所得。至德二年,亡走凤翔,上谒,拜左拾遗。与房琯为布衣交,琯时败兵,又以琴客董廷兰之故罢相,甫上疏言:“罪细,不宜免大臣。”帝怒,诏三司杂问。宰相张镐曰:“甫若抵罪,绝言者路。”帝解,不复问。

时所在寇夺,甫家寓鄜,弥年艰窭,孺弱至饿死,因许甫自往省视。从还京师,出为华州司功参军。关辅饥,辄弃官去。客秦州,负薪拾橡栗自给。流落剑南,营草堂成都西郭浣花溪。召补京兆功曹参军,不至。会严武节度剑南西川,往依焉。武再帅剑南,表为参谋,检校工部员外郎。武以世旧,待甫甚善,亲诣其家。甫见之,或时不巾,而性褊躁傲诞,常醉登武床,瞪视曰:“严挺之乃有此儿!”武中衔之。一日,欲杀甫,集吏于门,武将出,冠钩于帘者三,左右走报其母,力救得止。崔旰等乱,甫往来梓、夔间。大历中,出瞿塘,溯沅、湘以登衡山。因客耒阳,游岳祠,大水暴至,涉旬不得食,县令具舟迎之,乃得还,为设牛炙白酒,大醉,一昔卒,年五十九。

甫放旷不自检，好论天下大事，高而不切也。与李白齐名，时号“李杜”。数尝寇乱，挺节无所污。为歌诗，伤时挠弱，情不忘君，人皆怜之。坟在岳阳。有集六十卷，及润州刺史樊晃纂《小集》，今传。能言者未必能行，能行者未必能言。观李、杜二公，踦区版荡之际，语语王霸，褒贬得失，忠孝之心，惊动千古，骚雅之妙，双振当时，兼众善于无今，集大成于往作，历世之下，想见风尘。惜乎长辔未骋，奇才并屈，竹帛少色，徒列空言，呜呼哀哉！昔谓杜之典重，李之飘逸，神圣之际，二公造焉。观于海者难为水，游李、杜之门者难为诗，斯言信哉！

附四：从预公至甫公世系考

2000年之际，我们在安徽金寨敦伦堂六修宗谱《杜氏受姓以来一脉相传之世系纲》中第一次见到预公至甫公世系情况，其将预公列为三十五世，预公之后为：三十六世锡、跻、耽、尹，三十七世议，三十八世坚，三十九世岳、慧度，四十世英，四十一世诚，四十二世弼，四十三世俊，四十四世忠，四十五世秀、柔、淹，四十六世如晦，四十七世元懿、云哲，四十八世依艺，四十九世审言，五十世闲、升、专、登。而后又把甫公尊为大唐远祖第一世。此谱从预公到甫公，排了十七世。

不久，我们又在巩县发现出自甫公几个分支的杜氏谱牒，其世系情况基本类似。如其中有一份谱牒注曰：“民国三十年梅月，晋当阳成侯五十代、唐工部诗圣三十八代裔孙思智沐手敬书。公元一九八零年荷月晋当阳成侯五十一代、唐工部诗圣三十九代裔孙合壁敬书。”这本是诗圣三十八代裔孙杜思智手书，后由其侄甫公三十九代裔孙杜合壁续修成册。其认为预公至甫公共计十三世，即：一世杜预，二世耽、锡、尹、跻，三世弘治、绯、弼，四世坦（一说袭），五世惠度，六世乾光、洪泰，七世渐，八世叔毗，九世廉卿，十世依艺，十一世易简、审言，十二世闲、升、专、登，十三世甫、颖、观、丰、占。

通过翻阅大量研杜名著及有关史书，我们发现关于甫公至预公之世系众说纷纭，难有定论。我们将具有代表性的说法整理如下：

（一）《元和姓纂》

一世杜预，二世耽，三世顾，四世逊，五世灵启、乾光，六世某，七世叔毗，八世鱼石，九世依艺，十世审言，十一世闲，十二世甫。

（二）钱谦益表

一世预，二世锡、跻、耽、尹，三世某，四世某，五世某，六世乾光，七世渐，八世叔毗，九世某，十世依艺，十一世审言，十二世闲，十三世甫。

（三）浦起龙表

远祖预，二世锡、跻、耽、尹，三世綝、弼，四世某，五世某，六世乾光，七世渐，八世叔毗，九世某，十世依艺，十一世易简、审言，十二世闲、并、专、登，十三世甫。

（四）冯至表

一世杜预，二世耽，三世某，四世逊，五世乾光，六世某，七世某，八世叔毗，九世鱼石，十世艺依，十一世审言，十二世闲，十三世甫。

（五）四川《杜甫年谱》

一世杜预，二世锡、跻、耽、尹，三世顾，四世逊，五世灵启，六世乾光，七世渐，八世叔毗，九世廉卿、凭石、安石、鱼石、黄石，十世依艺，十一世审言，十二世闲，十三世甫。

（六）金启华表

一世杜预，二世耽，三世顾，四世逊，五世坦、骥，六世琬、长文，七世乾光，八世渐，九世叔毗，十世鱼石，十一世依艺，十二世审言，十三世甫。

（七）邓绍基表

一世预，二世耽，三世顾，四世逊，五世某，六世乾光，七世渐，八世叔毗，九世鱼石，十世依艺，十一世审言，十二世闲，十三世甫。

（八）郭辉通（台湾）表

一世杜预，二世耽，三世顾，四世逊，五世坦、骥，六世琬、长文，七世乾光，八世渐，九世叔毗，十世鱼石，十一世依艺，十二世审言，十三世闲，十四世甫。

以上所引各家排列的世系表，皆是以预公为一世，至甫公而截止，预公之上和甫公之下之先祖均略之。从预公至甫公究竟为几世，各家说法差异颇大，有将甫公排为十三世的，也有将甫公排为十二世、十四世的，还有些我们未引用的世系表，将甫公排为十一世或十五世。纵观各家考订之表，皆是颇费心血。各家考订的结果，有可信的，也有可商榷的。总体而言，正如邓绍基先生所云："有修正，有补充，从不完备到逐渐完备。"以上各家考订的世系表，为我们最终确定预公至甫公世系表奠定了比较可靠的基础。

对于考订预公至甫公世系表，我们认为首先应当遵从甫公自述，自家的世系自己当然最清楚。甫公在《祭远祖当阳君文》中开头即云："维开元二十九年岁次辛巳月日，十三叶孙甫，谨以寒食之奠，敢昭告于先祖晋驸马都尉镇南大将军当阳成侯之灵。”这里，甫公清楚地告诉人们：第一，他是当阳成侯直系后裔，而不是旁系；第二，若以预公为一世，甫公便是“十三叶孙”，这四个字是不能随便更动的；第三，预公到甫公是十三世，中间的二世到十一世先祖他是清清楚楚的，不然，他怎么会直截了当地称自己是十三世？

此外，《新唐书》本传中引用甫公言：“先臣恕，预以来，承儒守官，十一世，迨审言，以文章显中宗时……”甫公说其祖为十一世，那么他自己自然是十三世。由此，我们可以这样说：甫公自称“十三叶孙”，是任何考订其世系者的考证基准。凡与此不符者，都是不能成立的。很自然，排甫公为十二世或十四世都是不妥的。

还有一篇文章可以作为辅证，即唐元和年间的大诗人元稹撰写的《唐检校工部员外郎杜君墓系铭并序》。大历五年(770)，甫公扁舟下荆楚间竟以寓卒，旅殡岳阳。四十三年后，其孙嗣业公在元和年间归葬甫公灵骨至襄阳时遇见诗人元稹。元稹依嗣业公相告的各代先祖名讳写出了不朽名篇《墓系铭》，文中说道：“晋当阳成侯姓杜氏，下十世而生依艺，令于巩，依艺生审言，审言善诗，官至膳部员外郎。审言生闲，闲生甫，闲为奉天令。”元稹的《唐检校工部员外郎杜君墓系铭并序》也指明：第一，甫公是晋名将预公的直系后人；第二，他以“下十世而生依艺”句暗示出了甫公是预公之“十三叶孙”；第三，从甫公的曾祖依艺公起，至祖审言公，至父闲公，是代代官职，世世功名；第四，《墓志铭》也出现了空代问题，即从二世至九世，但是空阙数代当是依写作之用意而空阙的，而不是嗣业公未告知元稹的缘故。

《元和姓纂》是目前看到最早详细记载从预公至甫公谱系的文献，但它从预公至甫公只排了十二世，显然中间少排了一世。它之所以出现此问题，可能主要在于成书之后有“散佚”，现存的《元和姓纂》是后人又辑而成的。《四库全书总目》说：“(《元和姓纂》)书至宋已颇散佚。”清经学家孙星衍先生的《校补元和姓纂辑本序》说：“元明之间亡佚，其佚文存在《永乐大典》，散驸千家姓之下。”邓绍基先生在《杜诗别解》中说：“估计是因这书在元明之间亡佚，只散存在《永乐大典》中……”虽然诸家记载时间不同，但对于“散佚”的事实都是认同的。《元和姓纂》的“散佚”，为后来考订甫公世系造成了诸多麻烦。

值得庆幸的是，后人又把《元和姓纂》从《永乐大典》中辑出，为世人考订甫公世系提供了条件。金启华先生在《杜甫诗论丛》中说：“清修《四库全书》，从《永乐大典》中辑出，并‘仍依唐韵，以四声二百六部其后先’(四库全书总目)。清人孙星衍，洪莹就宋郑樵的《氏族略》，王应麟的《姓氏急就章》，谢枋德的《秘籍新书》，补定了《大典》的佚文，完成了《元和姓纂辑本》。两本大体上恢复了《元和姓纂》的原来面貌。因此，我们认为现存的《元和姓纂》虽有贻误，但某些地方该是可靠的。”邓绍基先生在其《杜诗别解》中说：“清乾隆三十七年后编纂的《四库全书》中新辑的《元和姓纂》和乾嘉、时人孙星衍的《元和姓纂》，包括钱氏在内的清初几位著名杜集注家，显然都未见到。现代杜诗研究者却从这个辑本中发现，钱氏所考，同《元和姓纂》颇相符合，且可相互补充。但是两者也有不同之处，最大的不同是按《元和姓纂》，自杜预到杜甫只有十二代，这就同杜甫自称‘十三叶孙’不符。”《元和姓纂》由于经历了从“散佚”到“辑佚”的过程，有所损益是难免的。

预公至甫公世系表，从十世依艺公及其以下是很清楚的，需要考证的是二世至九世。以上所引用八家的考证表，从二世至九世，有相同的，也有不同的。从各家考订年代来看，可以说经过了一个从不完备到逐渐完备的发展过程。截至目前，甫公世系考订尽管趋于完备，但还未达十分完备的程度。因此，我们欲试考订，以期完备。现专列题目分述于后。

（一）关于甫公二世祖问题

从以上所引八家考订的世系表看，除钱氏对锡、跻、耽、尹四公谁是甫公二世祖没有明确表态外，有六家考订的是耽公，还有一家考订的是尹公。另外，在未被引用的《旧谱》和清人吴景旭先生的《杜陵世系》(《历代诗话》卷四十三)中，也肯定了“甫为尹之后”。这样一来，显然是两种意见。那么，耽和尹二公谁为甫公的直系二世祖呢？历史上许多杜诗研究者久无定论。不说宋元时期，只就明清两代，最被人赞许的杜诗研究大家要数钱谦益、仇兆鳌、浦起龙。对于他们的考订，现代学者提出了新的看法。

现代杜诗研究家金启华先生在其《杜甫诗论丛》中，这样评论钱氏的考订：

> 事实上，钱谦益对他自己新排的表，是抱着待问的态度。他更提出对《新唐书·宰相世系表》里称“甫为预之后，未知预四子，谁为甫之祖”的问题。也怀疑到：“旧谱以甫为尹之后，此何据也？”可是钱谦益虽然提出了这样的问题，而且有怀疑，但是他列的表，有些还是依照《新唐书·宰相世系表》来做的。同时也没有答复杜甫究竟是杜预四子中谁的后人。

现代杜诗研究家邓绍基先生，也对钱氏考订甫公世系情况提出了自己的着法：

钱谦益的考订最为人推许，他纠正了前人的误考，也不从前人的无据推测……以后仇兆鳌、浦起龙等注家大抵从钱说……钱笺杜集中关于杜甫世系的说明虽提到《周书》，《旧唐书》和《新唐书》，钱氏对《新唐书·宰相世系表》所记有关杜氏世系还表示怀疑，但他未曾说及唐代林宝的《元和姓纂》……为什么呢？估计是因这本书在元明之间亡佚，只散存在《永乐大典》中，因而通常不易见到的缘故。

以上两位研究家都讲到钱氏对"甫为尹之后"说持怀疑态度，同时也讲钱氏对考订甫公世系是持谨慎态度的。他在排定世系表时，把预公的四个儿子锡、跻、耽、尹的名讳都排在二世，并不注明甫公为谁之后人，实际上是含糊其辞。从以上引用的表看，除浦起龙先生认定尹公为甫公直系二世祖外，其他六家都考定耽公是甫公直系二世祖。我们认为后者是较为可信的，理由如下：

第一，从《元和姓纂》成书时间分析是可信的。《元和姓纂》是在唐朝元和七年(812)问世的，元稹的《唐检校工部员外郎杜君墓系铭并序》元和八年(813)撰书，而浦起龙的《读杜心解》、吴景旭先生的《杜陵世系》等是后来写成的，比《元和姓纂》和《唐检校工部员外郎杜君墓系铭并序》晚了数百年，自然以前者较为可信。

第二，林宝撰《元和姓纂》成书比元稹撰甫公《唐检校工部员外郎杜君墓系铭并序》早一年问世，据元稹当时的地位，应当会看到这部姓氏学专著，再有嗣业公向元稹先生诉说家世，两者课相互印证，《元和姓纂》、《唐检校工部员外郎杜君墓系铭并序》所著甫公家世当为可信。

第三，《元和姓纂》虽散佚过，但散存于《永乐大典》千家姓之下，后清人辑佚过程中可能有误，但毕竟仍有一定的可信度。

再者，为了考推甫公世系，我们不惜费工费时，查找大量史书，把预公的四个儿子之世系都作了详细考证排序，除了跻公无史料记载外，其余三公直系世代都考证排列出来了。这更进一步证明《元和姓纂》所排耽、顾、逊为二、三、四世祖是可信的。

有人提出耽为预公三子，父子年限间隔过大。史实告诉我们预公三十多岁婚配高陆公主，三国景元三年壬午(262)耽公诞生，预公已四十岁。西晋太康元年庚子(280)正月，预公率军下江陵，十八九岁血气方刚的耽公随父征战，在降孙浩灭东吴，三国归一统的战役中立下汗马功劳。晋武帝封预公三子耽公为亭侯，邑千户，赐绢八千匹。计算世代时大致按三十年为一个世代，但是绝不能硬是机械地套用。

（二）关于甫公四世祖“过江随元帝南迁”问题

《元和姓纂》记载：“当阳侯元凯……少子耽，晋凉州刺史。生顾，西海太守。生逊，过江随元帝南迁，居襄阳，逊官至魏兴太守。”对于逊公“过江随元帝南迁”问题，金启华先生说：“自杜逊随东晋元帝过江的公元317年到东晋灭亡的419年，又经过刘宋的一朝，到479年。中间一百多年，不可能只有一代。因此，我认为《元和姓纂》这一条定有脱文，需要补正。”邓绍基先生则说：“杜逊既是杜预的曾孙，他在司马睿‘过江’时，最多是十五岁左右，既是南迁也是随父辈而行。就是说十五岁的杜逊，他的祖父杜耽在西晋亡时西迁，他自己却在这之前已‘过江随元帝南迁’，殊与情理不合，所以《元和姓纂》记杜逊‘过江随元帝南迁’云云，实难令人相信。”

对于逊公“过江随元帝南迁”说，金、邓二位先生从不同角度阐明了自己的看法，均说明了当时逊公“过江随元帝南迁”是不可能的。我们按逊公出生年龄进行推算，逊公父亲顾公生于公元308年，若加上37年，逊公应生于公元345年。元帝过江是在建武元年(317)，后在永昌元年(322)十一月驾崩。此时逊公尚未出生，怎么能同元帝“过江”呢？

逊公过江徙居襄阳，为甫公支系始祖属实，无可厚非，但不是“过江随元帝南迁”。逊公仕东晋魏兴太守前期，即太和年间，正处在十六国战乱时期。其父顾公已年迈，年逾三十岁的逊公成为这个家庭里的顶梁柱。约在太元元年(376)，逊公仕东晋魏兴太守。到太元三年八月，秦大将梁州刺史韦钟包围魏兴，此时，魏兴太守已换位给吉挹。至来年(379)四月，攻克魏兴。前秦与东晋大战中原，前秦军队屡战屡胜，虎视东晋江山，江北战事频繁，社会动荡，引起东晋朝野震动，导致大量东晋人逃至江南以躲避战乱。东晋的官员贵族随之南迁。逊公无奈携老小由魏兴南下过江，迁往属于东晋管辖的襄阳安家落户，繁衍生息，乃至成为甫公支系的始祖。这次过江与误传“过江随元帝南迁”说，晚了六十二个年头。所以《元和姓纂》所记逊公随元帝南迁的说法是不可信的。

（三）关于甫公的五世祖问题

从历史上看，对于甫公五世祖这一问题，考订者之争议是既多而又复杂，至今尚无定论。《元和姓纂》记载云“……生顾，西海太守。生逊……生灵启、乾光……”这与《周书》记载不符。《周书》记载预公第八代叔毗公之祖为乾光公，乾光公应是预公第六代孙。《元和姓纂》记载为第五代人，错了一代人。钱氏保持谨慎未表态，冯至先生的排序又和《元和姓纂》一致。金启华先生则考订坦、骥二公为预公之玄孙，亦即第五世，但未说明甫公为谁之后裔。邓绍基先生说："从《元和姓纂》和钱笺杜诗所附杜甫世系表，以及现代研究者辛勤考订得出的结果，我认为，杜甫世系除第五代尚付阙如外，其他都以考出。"从前面引列的各家排列的世系表和上述情况，我们经反复查实印证，对于甫公五世祖问题基本可以定论。《宋书》、《周书》都有相关记载。《宋书》云：

杜骥，字度世，京兆杜陵人也。高祖预，晋征南将军。曾祖耽，避难河西，因仕张氏，苻坚平凉州，父祖始还关中。兄坦，颇涉史传。高祖义熙十三年丁巳(417)十二月初三征长安，席卷随从南还。太祖元嘉中，任遇甚厚，历向军将军，龙骧将军，青、冀二州刺史、南平王铄右将军司马。

这段文字记载，清楚说明了坦、骥二公的高祖是预公，曾祖是耽公，骥公为第五世。金启华先生考证坦、骥二公为预公之玄孙，正和这段文字记载相符合，我们认为这是可信的。《宋书》成书时间比《元和姓纂》要早三百多年，书中单列了《杜骥传》，坦、骥二公使预公之玄孙真实可信，而《元和姓纂》把灵启、乾光列为第五世，使得逊公至乾光公，中间间隔近百年，不可能只是一代人。按《宋书》记载坦、骥二公为预公之玄孙，那么，自耽公、顾公、逊公之后，自然便是坦、骥二公。既然坦、骥二公为五世祖，那么甫公为谁之后呢？这个问题，金启华先生虽然考订坦、骥二公为五世，但未指实甫公为谁之后裔。别的研究家对于五代不是空代，就是与此不相一致。我们认为，对甫公为谁之后裔，可以做这样分析：

第一，《宋书》记载骥公有六子：长曰长文，早卒；次子不详；三字叔文；四子季文；五子幼文；六子希文。骥公之子的名字，末字均为"文"字，这是其特点。若把《元和姓纂》新记载的灵启、乾光二公的名字与此相并雁行，显然不相符合，也不大可能为一母同胞，所以，骥公为甫公的五世祖也就不大可能。

第二，从有关文献记载看，坦公生琬(仕员外散骑侍郎)，次子仲儒，仕鄱阳(江西景德镇)太守①。若把坦公之子与灵启、乾光二公的名字相并为行，琬、仲儒、灵启、乾光，似更能与俗理相合。

第三，在宋顺帝刘准把皇位禅让给齐高帝萧道成时，乾光公由在刘宋时

---

① 见《资治通鉴·一百二十八卷》。

仕官过渡到齐国仕司徒右长史(时乾光公五十岁)，是完全可能的，这与朝代的变动也是相符的。

第四，从甫公出生地的巩义市南瑶湾的多家杜氏家谱看，都把坦公排为预公之曾孙(这显然使辈分排列上有误)，但也当承认，谱史野史也是有来由的。

第五，根据以上分析，这在时代次序和几代先祖的社会活动以及辈分衔接上是很吻合的。这不是巧合，而应是事实的客观存在。如此一来，既补正了邓绍基先生所排列甫公世系的第五代之阙如(实际是谨慎态度)，又应验了钱谦益先生“喜文人子孙千年不替也”的预言。

(四) 关于甫公的六世祖问题

这一问题，历代杜氏研究家基本都有论及，而论及的情况则多种多样。

考订出六世祖者，最早当属钱谦益。正如邓绍基先生所言：“钱谦益当年正是根据《周书·杜叔毗传》中记叔毗之祖‘乾光’、父‘渐’，由此倒推得出乾光是第六代的结论。”与此同时，邓绍基先生还指出并纠正四川省文史研究所所撰《杜甫年谱》所谓的新见问题：

> 《杜甫年谱》唯一之新见即：“故知乾光当为灵启之子，乃得为叔毗之祖也。”但这种推断不易为人理解，因《元和姓纂》中明言灵启与乾光为兄弟，叔毗是乾光之孙。其实，如果相信《杜叔毗传》和《世系表》而怀疑《元和姓纂》有误，应这样提出问题：乾光既是叔毗之祖(六世)，就不可能是杜逊(四世)之子(五世)。揣摩年谱编者之意，当是以为乾光为杜逊之孙，但作这样排列的结果，缺了第五代，遂断定灵启为第五代。显然，这里边的猜测成分过大。而且《元和姓纂》中明言“逊官至魏兴太守，生灵启、乾元(‘元’应为‘光’字之讹误)”，并云“灵启生怀璃、怀瑶”，又云“乾光孙叔毗”，因此，即使根据《元和姓纂》来推论，乾光不可能是灵启之子。如果推断《元和姓纂》在“生灵启”之后，“乾光”之前缺“灵启生”三个字，即成“灵启生乾光”文字，也断乎不能成立，因如果前文有“灵启生乾光”，后文又怎会出现“灵启生怀璃、怀瑶”句呢?

金启华先生也对此问题谈了自己的看法。他说：“我认为冯传称‘逊子乾光的玄孙叔毗’，或系根据文津阁的四库本‘乾光玄孙叔毗’，因此得出那样结论，这显然是不能服人的。”

邓绍基先生指出钱谦益是最早考订出甫公六世祖者，同意钱氏考订为乾光公的正确性，同时给出了自己进一步的分析考证，并纠正了四川文史研究馆的《杜甫年谱》所谓的新见问题。对此，我们表示赞同。而金启华先生非常明确地指出四川文史馆所定乾光为六世祖是对的，但对“灵启之子必为乾光”这样的结论，表示不敢苟同，并具体指出了问题之所在。对此，我们同样表示赞同。但金启华先生和郭辉通二人把乾光公排列为七代，以至于以后的世世代代出错，排列到甫公时成了十四世，与甫公自称“十三叶”不相符，我们当注意这个问题。

为此，我们学习参考以上提到的许多研杜、注杜大家著作的同时，又反复查阅有关史书，如《晋书》、《周书》、《宋书》、《旧唐书》、《新唐书》等。我们发现，如果把这些史书的记载，同甫公所撰《唐故万年县君京兆杜氏墓志铭》联系起来一并考证，无论各史书记载在时限、内容、形式上怎样变化，均都围绕在甫公所撰“十三叶”这个谱系的主旨之内。

甫公在《唐故万年县君京兆杜氏墓志铭》中称：“曾祖某（指鱼石公）隋河内郡司功，获嘉县令。王父某（名依艺）皇朝监察御史，洛州巩县令。前朝咸以士林取贵，宰邑成名，考某（名审言）修文馆学士，尚书膳部员外郎，天下之人，谓之才子。兄升，国史有传，缙绅之士，诔为孝童。”沉睡一千二百余年后在偃师市出土的“诔为孝童”的《大周故京兆男子杜并墓志铭并序》中曰：“曾祖鱼石，隋怀州司功，获嘉县令；祖依艺，唐雍州司法，洛阳巩县令；父皇朝洛州洛阳县丞。”这一前一后两篇墓志铭，曾祖、祖、父的内容雷同，准确地说明了元稹先生为甫公撰书的《唐检校工部员外郎杜君墓系铭并序》所记“晋当阳成侯姓杜氏，下十世而生依艺”之父，就是九世祖鱼石公了。二篇墓志所记“曾祖某”和“曾祖鱼石”是指甫公的姑母、叔父并公而言的。①

我们又查阅《唐代墓志汇编》中的相关资料，《大唐故忻州定襄县令杜君墓志铭并序》（以下简称《安公墓志》）正文云：

> **君讳安，河南洛阳人也。自豕韦启胄，蛇精系胤。代盛二冠，家传漆筒。曾祖毗，周硖州刺史。祖石，隋寿州霍山县令，父英，唐汝州鲁山县丞。并人秀国华，轩盖相次。公解褐予州新蔡县尉，又改相州内黄、雍州泾阳二县尉。南阳公张亶出镇天口军，钦其声望，引参军事，敕受忻州定襄县令。未至浃辰，风化甚肃。祸丁又验，积善无征，以景龙二年岁次戊申二月十五日遘疾，终于京第，春秋六十有五。以三月二十八**

---

① 对鱼石公家族另见《元和姓纂》卷六《杜·襄阳》记：“乾光孙叔毗，周峡州刺史，生廉卿、凭石、安石、鱼石、黄石。凭石生依德，蓬州咸安令；生易简，考功员外。安石生（依）贤，仓部郎中。鱼石生依艺，巩县令……”

日辛酉，归葬于邙山之原。嗣子勤忠等茹荼泣血，追思罔极，志惟不朽。

从《安公墓志》已知叔毗公为其曾祖，石公为其祖。《元和姓纂》记载叔毗公有五子，即廉卿、凭石、安石、鱼石、黄石。廉卿四个弟弟名讳都为石。古今引用长子名字排为诸弟前或后而起名者层见不鲜。如五世祖骥公六个儿子，长子为长文，后几个弟弟就叫叔文、季文、幼文等，末字都叫文。以此推论，“石”就是叔毗长子廉卿公本名乃毋庸置疑。

以上《安公墓志》“曾祖毗，周硖州刺史……”的记载，再一次验证了《周书》中所排列六世祖乾光公，七世祖渐公，八世祖叔毗公及其子廉卿公的真实性，这是不容置疑的。这些史记与后来出土墓志的珍贵资料即可着意勾画出乾光公至甫公八代各辈分世系图如下：

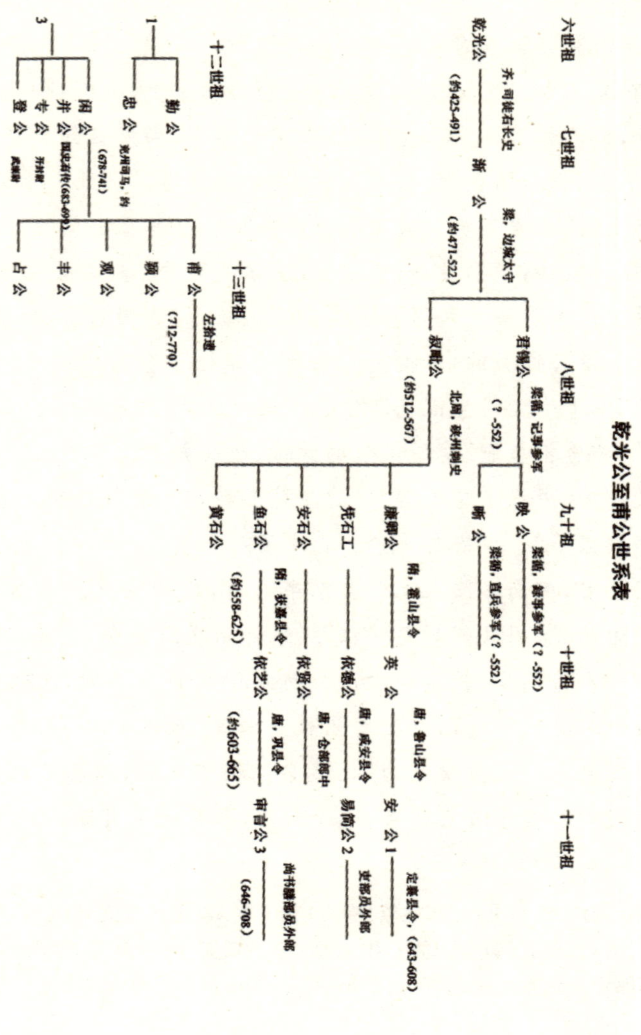

附五：从预公至甫公世系纲

一世：杜预（伯公二十五世）

从杜伯到预公共二十五代计九百五十余年，预公为杜伯第二十五世孙。

预公（222—285），字元凯，京兆杜陵（今陕西西安东南）人，为西晋著名的政治家、军事家和学者，灭吴统一战争的统帅之一。曹魏末年，司马昭执掌朝政，预公娶高陆公主（司马昭之妹）为妻，拜尚书郎，袭祖爵丰乐侯。司马炎建西晋，称武帝，委预公以重任。泰始年间（265—274），任河南尹、秦州刺史，后任度支尚书。在朝七年，损益万机，朝野交赞，时号"杜武库"。晋武帝咸宁四年（278）腊月，拜镇南大将军，都督荆州诸军事。次年出兵江陵，杀孙歆，诛陆景，斩张尚，亡张悌，擒孙皓，为三国归晋立下了不朽的功勋，以功晋爵当阳县侯。西晋统一后，在江南兴修水利，发展生产，政绩显著。预公不仅有治世之才，而且博学多术，政治、经济、军事、律令、历法、算术、工程等方面都有建树。尤其所著《春秋左氏经传集解》三十卷，为现存最早、最具权威性的《左传》注本，后被收入儒家经典《十三经注疏》中。

预公的威名得到无数后人的景仰，唐太宗李世民曾下诏将历代先贤二十二人配享孔子，其中便包括预公。唐德宗追封古代名将六十四人，并为他们设庙享奠，预公亦名列其中。宣和五年（1123），宋室为古代名将设庙，七十二位名将中亦包括预公。预公是明朝之前唯一一个同时进入文庙和武庙的历史人物。故甫公赞曰："降及武库，应乎虬精。恭闻渊深，罕得窥测，勇立是功，智名克彰。缮甲江陵，祲清东吴。邦于南土，建侯于荆。河水活活，造舟为梁。洪涛奔汜，未始腾毒。《春秋》主解，稿隶躬亲。"（《祭远祖当阳君文》）

东晋建武元年（317），晋元帝司马睿闻兵变，长安陷落，京都南迁，在建康（今南京市）称帝，时史称为晋，预公之孙顾公带领全家，随之南迁，居雍州襄阳。后杜氏一族居襄阳数世。

生四子：尹、耽、跻、锡。

二世：杜耽

耽公（约 263—327），为预公三子，曾仕晋凉州刺史。其生平最早见《晋书》卷三十四《杜预传》。耽公英年善战之时，即随父出兵伐吴。晋军在征南大将军预公指挥下，一路势如破竹。东吴既平，预公以功晋爵，封当阳县侯，其子耽公封为亭侯，增邑千户，赐绢八千。据《资治通鉴》载，晋惠帝永嘉二年(308)，凉州①刺史张轨中风，口中不能讲话，要他的儿子张茂代理州中政事。陇西内史晋昌人张越是凉州大族，想要驱逐张轨取而代之，就和他的哥哥酒泉太守张镇和西平太守曹祛，计划派使者前往长安，告诉南阳王司马模，请求以秦州刺史取代病中的张轨。在这混乱之时，43岁的耽公代理州政，为稳定当地局势起到了重要作用。此即其曾孙骥公云："曾祖耽，避难河西，因仕张氏。"骥公弟坦公亦曰："亡曾祖因晋氏丧乱，播迁凉土，世叶相承，不殒其旧。"(《宋书·杜骥传》)

生子：顾

三世：杜顾

顾公(约308—371)，曾仕前凉西海郡太守。建元十二年(376)七月，前秦苻坚派武卫将军苟苌等率步兵十三万征讨前凉，凉主张天锡被迫率众投降，至此，前凉灭亡。前凉共传九主，在张氏守土保境、历时七十五年期间，中原不少晋氏臣民为避"五胡乱华"，前往凉州避难，并在此传授儒学，保存了中原失传的一些经籍和学说，这其中就包括耽公、顾公、逊公三代人。《宋书》载其孙杜骥语曰："苻坚平凉州，父祖始还关中。"在前秦和前凉混战中，不少在前凉的旧臣老将战死，也有一部分投诚前秦，另有一部分就像顾公、逊公父，"世叶相承，不殒其旧"，回到关中后，寻找机会，南渡归晋。

生子：逊。

四世：杜逊

逊公(约345—408)，曾仕晋魏兴太守。魏兴失守后，逊公带领父母和坦、骥二个儿子徙居襄阳。从此以后，逊公子孙均在南朝刘宋、齐、梁朝仕官，虽并非常在襄阳，但后世多以襄阳为始迁地。唐至德二载五月十六日，肃宗授甫公命时，下诏书曰："襄阳杜甫尔之才德朕深知之……"直到千百年后，新密杜氏祖坟古碑还刻着"祖居襄阳府，始祖唐工部讳甫，字之美"。

生二子：长曰坦，次曰骥。

《元和姓纂》关于对逊公仕魏兴太守和徙居襄阳之争论，前节我们《关于甫公世系试考》已有新解，在此另作一点补充。晋武帝平吴，立魏兴郡(魏置)统管魏兴，安康、西城、锡、长利、洵阳六县。有人质疑："东

---

① 晋时有武威、武兴、西平、张掖、酒泉、建康、西海、西郡、湟河、晋兴、广武合十一郡为凉州所辖。

晋时并无魏兴郡……逊官至魏兴太守，显然是不妥的。"《资治通鉴》第一百四卷、《御批历代通鉴辑览》卷之三十三均有相关记载。[①] 西晋从公元316年灭亡到公元318年东晋建立，再到公元379年夏四月魏兴失守，东晋又统治魏兴达六十余年。逊公于此期间晋仕魏兴太守是可信的。另外从年龄推算，逊公约生于公元345年，魏兴于公元379年失守，此时逊公年龄在三十五岁左右，在大批官员涌入东晋，南朝权贵"便以荒伧赐隔"也是情理之中的事情。

五世：杜坦

坦公(约384—448)。曾与其弟骥公于416—417年跟随刘裕讨伐前秦苻坚，时兄弟二人年龄均在三十出头。刘宋元嘉二十三年，敕诏坦公为青州刺史，元嘉二十四年又下诏赐冀州刺史。

生四子：乾光、灵启、仲儒、琬。

六世：杜乾光

乾光公(约425—491)，曾长期在刘宋为官，后不得已由宋入齐，曾仕齐司徒右长史。

生子：渐。

七世：杜渐

渐公(约471—522)，曾仕梁边城(今安徽六安县)太守。渐公生于宋明帝刘彧泰始七年(471)。宋亡时，渐公刚八岁，随父和平过渡到齐，在齐生长，在齐入仕，与父同朝为官。萧齐亦同刘宋，为争夺权力，宗室间不断互相残杀，因而传国不永，凡七帝二十三年。渐公三十出头入梁为边城太守至卒，经历宋、齐、梁三朝。

生二子：长曰君锡，次曰叔毗。

八世：杜叔毗

叔毗公(约512—567)，字子弼。《北史》、《周书》载曰："叔毗早岁而孤，事母以孝闻。性慷慨有志节。精励好学，尤善《左氏春秋》。仕梁，为宜丰侯

---

① 《中华文明大博览》第594页：晋孝武帝太元四年(378)，秋七月，秦梁州刺史韦钟在西城包围了东晋魏兴太守吉挹。癸未日，晋主命右将军毛虎生率领兵众三万人攻击巴郡，以援救魏兴。前锋督护赵福等人来到巴西，被秦将张绍等所打败，死亡了七千多人，第二年夏四月，戊申日(二十六日)韦钟攻占了魏兴，吉挹拿起刀来想要自杀，左右的人夺去了他的刀；恰逢秦人到达，逮捕了他，吉挹不说话，不吃饭直到死亡，秦王苻坚感叹着说："周孟威不肯屈服于前，于彦远廉洁自己于后，吉祖冲(吉挹字祖冲)不言不食而死，为什么晋氏有如此多忠贞的臣子呢？"

萧循府中直兵参军。”其兄曾为参军曹策陷害而死，其母激之曰：“汝兄横罹祸酷，痛切骨髓，若曹策朝死，吾以夕殁，亦所甘心，汝何疑焉。”叔毗公遂“白日手刃策于京城，断首刳腹，解其肢体，然后自缚向朝廷请罪，甘愿受死”。志气深受太祖嘉赏，特命赦之，寻拜都督、辅国将军、中散大夫。对母亲极为孝顺，母亲去世后，衰毁骨立，不胜悲痛。天和二年(567)，从韦国公直南讨，军败，为陈人所擒，陈人将降之，叔毗辞色不挠，遂被害。

生五子：廉卿、凭石、安石、鱼石、黄石。

九世：杜鱼石

鱼石公(约558—625)，生于南北朝末期，曾仕隋怀州司功，获嘉县令。当此时，北周君臣争权夺利，内乱中权臣宇文护被诛，周武帝宇文邕开始执掌军政大权。北齐政乱，后主高纬听信谗言，错杀名将左丞相斛律光及其全家性命，而后被北周吞并。北周灭北齐，客观上促进了北方各民族历史融合进程，也为杨坚统一南北方创造了条件。杨坚出身关陇名门贵族，大象二年(580)，宣帝死，静帝年幼无力统辖朝纲，杨坚入宫辅政，总理朝政。后废北周称帝，改国号为隋，改纪年为开皇元年，定都长安，史称隋文帝。鱼石公兄弟五人青少年时代随父转战在这多事之秋，熬过了这段艰难时光。隋文帝开国时，鱼石公正二十三岁左右。后在朝仕河内司功参军，获嘉(今河南获嘉县)县令等职。其兄廉卿公，同朝仕寿州霍山(今安徽六安霍山县)县令。

生子：依艺。

十世：杜依艺

依艺公(603—665)，曾仕唐监察御史、雍州司法、巩县令。后迁居巩县，并定居下来。鱼石公在隋仁寿三年(603)生子依艺公，第二年就发生了杨广杀父“血溅屏风”事件，震撼朝野。

甫公于《唐故万年县君京兆杜氏墓志铭》中，在说明依艺公宦历后，紧接说道：“前朝咸以士林取贵，宰邑成名。”前朝指隋朝，仕林旧时指知识界，取贵即录用官员，宰邑指官位县令，成名即功成名就。甫公这句话为什么只写在依艺公宦历后？因为隋朝开国后，取消九品中正制，在隋炀帝大业二年(606)开进士科，确立科举制度。国子监，又称“国学”、“国子学”，是当时社会教育管理机构和最高学府。当然是这类制度无法脱离特权社会。当时鱼石公兄弟均在朝中仕官，十几岁的依艺公进入国子监深造并不难。同在国子监的还有嫡堂兄弟，如廉卿公之子英公、凭石公之子依德公、安石公之子(依)贤公等。诸公同国子监其他学子通过进士科考，不少学子出将入相，光宗耀祖。

依艺公从监察御史(正八品下)到雍州司法(从七品下),最后于贞观十七年(643)为宰邑,即巩县令(正六品上)。贞观十六年,高丽权臣盖苏文发动兵变,专霸国政,次年联合百济攻打新罗。贞观十八年,太宗诏命讨伐高丽。东京洛阳是大唐的粮仓,而巩县站街又是储备皇粮的重镇。依艺公与萧瑀、萧锐父子为保障从站街瑶湾渡不冻港口及时有序地将军粮输出立下了汗马功劳。从贞观十九年正月太宗亲统诸军自洛阳北上,到是年九月班师,从无因缺少军粮而延误数万军众征伐的进度。

依艺公到巩县仕县令,眷属随从,就定居站街瑶湾。四年后,审言公即诞生于此。站街镇当时水陆交通发达,是四方商贾云集而兴旺热闹的重镇。依艺公选择瑶湾这块风水宝地定居,笔架山不仅成为后来诗圣诞生之圣地,也成为本支裔胄一千三百年寻根溯源的祖籍。

生子:审言。

十一世:杜审言

审言公(约646—708),字必简,祖籍襄阳,父迁居洛阳巩县。唐朝著名诗人,少与李峤、崔融、苏味道合称"文章四友"。唐高宗咸亨元年(670)擢进士第,为隰城尉,后转洛阳丞。武后圣历元年(698),坐事贬吉州司户参军。因得罪同事郭若讷、长官周季重,两人合谋诬陷审言公,定其死罪。其十六岁儿子并公为父报仇,刺杀周季重,自己也被当场杀死。此事震惊朝野,皆称并公为孝子,燕许大手笔的许国公苏颋亲自为杜并作墓志铭。武后闻知此事,召审言入京师,又因欣赏其诗文,授著作佐郎,官至膳部员外郎。后因牵涉张易之兄弟,被流放到峰州。不久,召回任国子监主簿、修文馆直学士。中宗景龙二年(708)卒,赠著作郎。

审言公诗作多为写景、唱和及应制之作,以浑厚见长。杜甫云:"吾祖诗冠古。"工于五律,对近体诗之形成与发展,有重要贡献,被后人评为中国五言律诗的奠基人。他的五律《和晋陵陆丞早春游望》,被明朝的胡应麟赞许为初唐五律第一。他的五言排律《和李大夫嗣真奉使存抚河东》,长达四十韵,为初唐近体诗中第一长篇。有文集10卷,已佚。宋刻《杜审言集》一卷,收诗四十三首。

生四子:长子杜闲,次子杜并,三子杜专,四子杜登。

十二世:杜闲

闲公(678—741),祖依艺公,父审言公,祖籍襄阳,生于巩县,仕武功尉。

朝议大夫，兖州司马，奉天县令。

闲公十四岁丧母，是为少年时之最大不幸。闲公少有才名，二十岁出头即举进士及第，后仕武功尉，父子同朝为官。经审言公好友李峤牵线，闲公与崔融之女荷花联姻。时下崔融为当朝凤阁舍人，审言公仕当朝膳部员外郎，可谓为门当户对。婚后闲公与崔氏相敬如宾，闲公待人忠厚仁慈，尽职尽责。长安四年(704)，岳父崔融任司理少卿，仍知制诰，闲公也被擢升为朝仪大夫，属文散官职。景龙二年(707)十月，审言公卒。时下，虽有贤惠的继母卢氏持家，但主要经济负担就降落在三十而立的闲公肩上。闲公家学渊源，朴实无华，又忠于职守，深受审言公生前好友宋子问、武平一、李峤等名人的赏识，在仕朝议大夫期间，政绩卓著。先天二年，闲公爱妻崔氏重病去世，闲公中年丧妻，悲痛万分。开元二年(714)，继母在同郡娘家卢氏门内，为闲公挑选了一位贤惠善良的侄女，替闲公续婚。后闲公由朝议大夫转兖州司马，专公任开封尉，登公远到江东任武康尉。开元二十九(741)年，闲公卒。

生五子：长曰甫公，次曰颖公，三子观公，四子丰公，五子占公。

(一) 关于闲公卒年问题

据朱鹤龄先生诗注云："按志云故朝议大夫兖州司马，犹《汉书·李广传》所云故李广将军，非谓已没也。旧谱殆因故字误。"笔者认为，墓志文曰："薛氏所生子，适曰某(闲)。故朝议大夫，兖州司马。"在墓志文前写有"故修文馆学士著作郎"，后文有"故朝议大夫、兖州司马"，同一篇墓志，同一个"故"字，不可能有两层含义。在太君墓志结尾，甫公已注明："式志之金石，铭曰：太君之子，朝议所尊。贵因长子，译就私门。亳邑之都，终天之地，享年不久，殁而犹视。"第一句写闲公为官廉明深受人们的尊崇；第二句指闲公为长子，三十岁前在审言公的教诲下，功成名就；第三句说闲公卒于亳邑之都(为汤攻克夏时所居，现有二里头商代宫殿遗址)，已佐证闲公终天于偃师西亳之都，即土娄旧庄；第四句说闲公辞世不久，殁而犹视，对吾家这"福无双至，祸不单行"所发生的一切，他在天之灵和家人同样的悲哀，同时也在注视着子孙们如何胸怀大志，去实现历代祖先"承儒守官"之教诲。

另从甫公撰写《祭远祖当阳君文》曰："维开元二十九年岁次辛巳月日，十三叶孙甫，谨以寒食之奠，敢昭告于先祖晋驸马都尉镇南大将军当阳成侯之灵。"文中又曰："小子筑室首阳之下，不敢忘本，不敢违仁。庶刻丰石，树此大道。"祭文已告知后人，此时甫公已住在首阳山下预公裔胄为先人守墓而筑的土室内。在这土室内，甫公不仅仅只为预公撰书祭文，铭刻丰石，而主要是为闲公守护坟墓。祭文是在寒食节（即清明前一天，也说前两天）时成文。这与甫公三年长守首阳山下土室（《礼记·三年问》三年之丧，二十五个月而毕）为父庐墓是有直接因缘的。

（二）关于闲公仕"奉天县令"问题

关于有人对闲公仕"奉天县令"提出质疑的问题，笔者认为，元稹先生撰写的《唐检校工部员外郎杜君墓系铭并序》中云："闲为奉天令。"这是嗣业公把爷爷被唐王敕封的根由面对面讲给元先生后，元稹先生才"拜余为志"成为史册考证的可靠佐证。

唐林宝先生撰《元和姓纂》中曰："膳部员外审言生闲，武功尉，奉天令。"仇注曰："考奉天为次赤县，唐制京县令五品上阶。闲自兖州司马授奉天令，盖从五品升正五品也。"《元和姓纂》说出闲公第进士后首任武功尉是他的最低官职，最后仕奉天令是他一生最高官职。对中间仕朝议大夫，兖州司马官职及省略，是很正常的表述方式。

《旧唐书·杜甫传》记载闲公"终奉天令"更符合实情。甫公在《唐故范阳太君卢氏墓志铭》文中只写"适曰某（闲）故朝议大夫，兖州司马"，为什么没有写"奉天县令"官职，是甫公知道朝廷敕封闲公"奉天县令"是父亲病故未到任之缘故。如甫公早期诏封河西尉，不拜，第二次在广德元年唐代宗"寻迁京兆功曹，不赴"。对这两次敕封而未上任的官职，甫公均不认可。因而在祖母墓志里，甫公自然也不会把闲公未上任的"奉天县令"官职写进去。一些学者编辑闲公在"奉天县令"任上之数年生活写照，均为虚构。

嗣业公在甫公殁后四十余年，向元稹先生谈起祖父"奉天令"一事，元先生意识到，既然是皇封官职，应"拜余为志"，对闲公在天之灵也是一个安慰，对后人看到闲公有这一皇封官衔，也感到是一种荣耀。后来诸多学者把闲公"终奉天令"之句从唐宋沿袭至今，符合情理之言，无可厚非。

预公至甫公十三世世系表

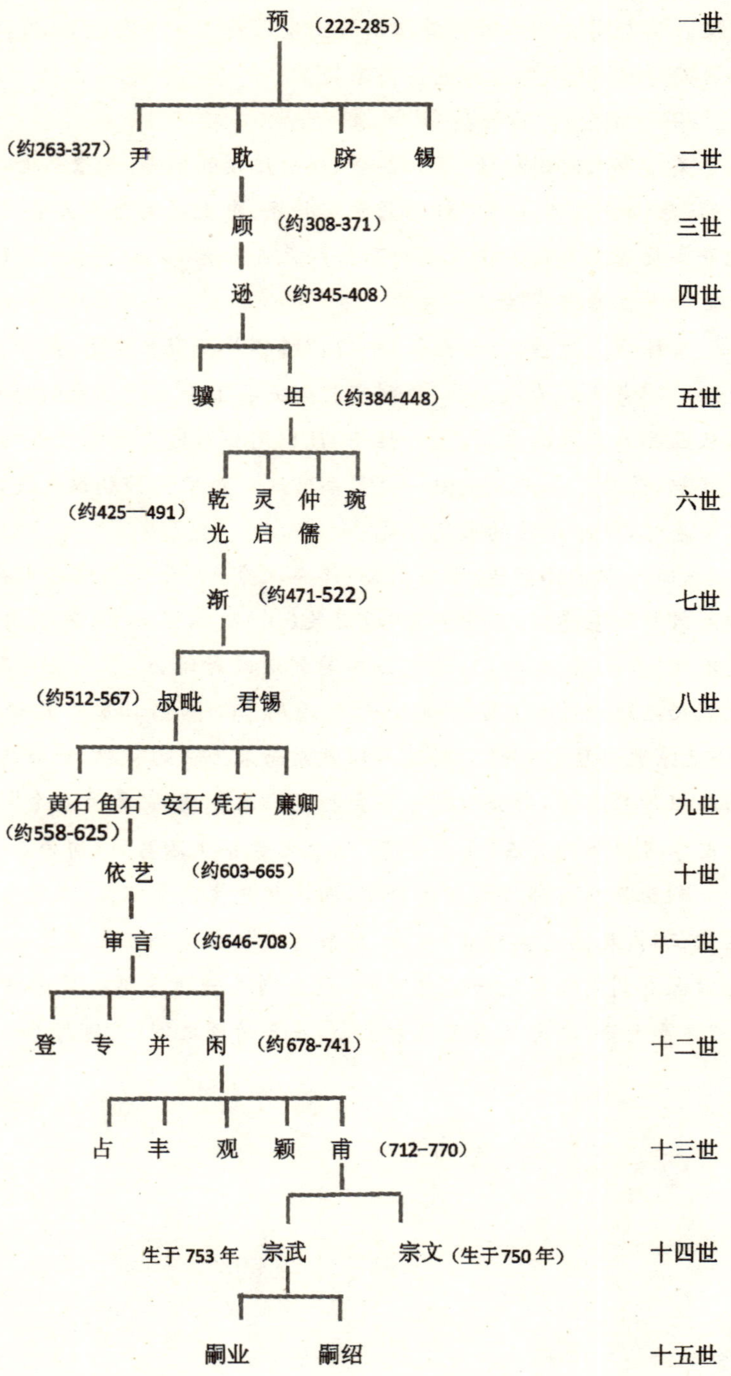

十三世：杜甫

甫公(712)，字子美，自号少陵野老。壬子年正月初一寅时生，卒于庚戌(770)年冬。出生于巩县城东二里瑶湾笔架山下。曾仕官右卫率府胄曹参军，左拾遗，节度参谋，检校工部员外郎。后世亦称其杜拾遗、杜工部、杜少陵。甫公是我国古代伟大的现实主义诗人，在中国古典诗歌中的影响非常深远，其人被尊称为“诗圣”，其诗冠号曰“诗史”，今存诗文一千四百余篇。

文天祥在狱中作了200首关于甫公的五言诗，自序里说：“凡吾意所欲言者，子美先为代言之。”苏轼云：“古今诗人众矣，而子美独为首者，岂非以其流落饥寒，终身不用，而一饭未尝忘君也欤！”鲁迅先生说：“我总觉得陶潜站得稍稍远一点，李白站得稍稍高一点，这也是时代使然。甫公似乎不是古人，就好像今天还活在我们堆里似的。”美国现代诗人雷克斯罗斯说：“我的诗歌毫无疑问地主要受到杜甫的影响。我认为他是有史以来在史诗和戏剧以外的领域里最伟大的诗人，在某些方面他甚至超过了莎士比亚和荷马，至少他更加自然和亲切。”一九六一年十二月十五日，在瑞典斯德哥尔摩世界和平理事会上，甫公被评为世界文化名人。

巩义杜甫陵园

生二子：长子宗文，次子宗武。

附六：“诗史”内蕴涵着杜氏渊源

华夏民族的姓，约起源于仰韶文化—龙山文化(前5000—前3000)的原始社会母系氏族时期。龙山文化—齐家文化(约前3000—前2000)时期，出现了奴隶和军事体制，男子开始在社会上居于统治地位，女子降于从属和被奴役的地位，婚姻形态已由对隅制过渡到夫妻制。当时姓与先民的图腾崇拜有关。氏是姓的衍生，就起源于父系氏族社会，是古代部落中贵族家族的称号，如“伏羲氏”、“神农氏”、“轩辕氏”等。到战国时期，姓与氏已无区别，姓与氏成为表明个人及其家族的符号。司马迁在写《史记》时，从文字上把姓与氏合一,此后无论是说姓、还是谈氏,都专指“姓”而言,同时人们普遍地拥有了它。

杜甫故里诗圣堂

在华夏民族数千年的文明发展史上,由于各民族间不断交流融合,社会制度的变革、战乱、避仇、赐姓等多种因素的影响,姓氏的种类和数量大大增多。姓源浩繁庞杂,既有一姓多源,又有多姓同出一源者,还有在历史进程中发生变化者。

随着姓氏的产生,姓氏之学及姓氏文化发展逐渐兴起。最早系统记载中国姓氏来源的典籍是战国时史官所撰《世本》十五篇。后有西汉史游的《急就章》、东汉应劭的《风俗通义·姓氏篇》。从东汉到南北朝把姓氏发展成世家特权为“世卿世禄”观,引起当时各群族家谱的撰书热潮。魏晋时期,贾弼曾广集群族十八州,一百一十六族谱,共撰七百一十二卷。这些姓氏发展的历史资料,均被“读书破万卷”的甫公潜移默化地灌注于他的诗篇里。

甫公不仅写出光焰千古不朽诗篇,而在他那“诗史”内还蕴藏着丰富的华夏姓氏学知识,并对杜姓数千年血缘网络,以极巧妙的手法在诗赋里详实地传载着。开元二十九年,甫公在《祭远祖当阳君文》赋中指出,吾姓“初陶唐氏,出自伊祁,圣人之后,世食旧德”。在《唐故万年县君京兆杜氏墓志铭》里论证杜氏“其先系统于伊祁,分姓于唐杜”,并且十分有把握地称:“吾祖也,吾知之。远自周室,迄于圣代,传之以仁义礼智信,列之以公侯伯子男。《春秋传》云,穆叔谓之世禄,其在兹乎?”他又在《进雕赋表》中说:“自先君恕、预以降,奉儒守官,未坠素业矣。”甫公的这些诗文,为我们指明杜姓起源从尧舜至唐朝数千年里不同的历史发展阶段。

(一)“杜酒偏劳劝,张梨不外求”

据传,杜姓是炎帝之裔胄后土句龙以土为图腾得姓。句龙是共工之子,以平治水土有功而世称后土，成为轩辕黄帝佐臣。建木①与土合文成杜，成为后来被杜姓部落尊崇的族徽。但杜姓的起源要在更早。

甫公在开元二十八年前后，作《题张氏隐居二首》诗云：“杜酒偏劳劝，张梨不外求。”他所说“杜酒”即指轩辕黄帝大臣康公造的酒，杜姓之人造的酒即称谓“杜酒”，也称“家酒”②。杜姓是否为康公裔孙？有一种说法认为，天下杜姓源杜康。但也有说法认为，这只能是一种传说，很不可靠，故不能采用。其实像仓颉造字、嫘祖养蚕、三皇五帝等故事多为传说，可信度值得商榷，可这些传说是华夏不可缺少的文明史。

随着历史的推移，科学的进步，很多神话传说、历史故事多被发现的原始遗址、工具、随葬品等所验证。像杜康造酒醉刘伶，三国时曹操长江设宴唱出“何以解忧，唯有杜康”之名句，都记载康公造酒的美谈。另在东晋十六国时期曾流传一首《酒德之歌》曰：“地列酒泉，天垂酒池，杜康妙识，仪狄先知。纣丧殷邦，桀倾夏国。由此言之，前危后则。”（《资治通鉴》一百四十卷）康公造酒之歌谣甚至流传至今。1972 年 9 月，日本前首相田中角荣访华，谈到华夏文明史，盛赞：“天下美酒，唯有杜康。”后经周恩来总理倡导，毛泽东主席决定“复兴杜康，为国争光”。因此，对一千二百余年前甫公所言“杜酒偏劳劝”而引康公造酒，“天下杜姓源杜康”等传说，不可信其无。

（二）“初陶唐氏，出自伊祁，圣人（指尧帝）之后，世食旧德”

《史记》载，帝喾高辛氏是少昊的孙子，帝喾在天子位七十年，终年一百零五岁。陈锋的女儿是帝喾三妃，叫庆都，有赤龙的感应，怀孕十四个月。生子尧。帝喾死后，由四妃常仪之子挚（因长子）继承天子位。在位九年后，挚因荒淫无度，诸侯将他废掉，立尧为天子，尧就是陶唐氏。

尧帝姓姬，高辛氏的次子，名字叫放勋，从小养育在母亲家——伊侯的国中（河南的汝州伊阳县）。后迁徙到耆，也叫黎（山西潞安府黎城县），所以叫伊耆（祁）氏。他身长十尺，眉骨园起，额骨中央隆起，形状如日，眉毛有八种颜色。他十岁时帮助帝挚扶植人才，受封于陶（山东曹州府定陶县），又封在唐（直隶保定府唐县），所以被称为陶唐氏。十六岁时，诸侯废弃挚而尊立尧为天子，以火德治天下，崇尚白色。（《御批历代通鉴》）

尧帝在位七十年。甫公在《乾元元年华州试进士策问五首》中赞曰：

---

① 建木又称扶木、扶桑，是古代神话传说中的一种树木，用来观测太阳的高度，以此来制定历法。

② 关于康公造酒的详细资料，可查阅新密市《杜甫世系考》上编第 1—15 页。

昔唐尧之为君也，则天之大，敬授人时，十六升自唐侯者已。昔舜帝之为臣也，举禹之功，克平水土，三十登为天子者已。本之以文思聪明，加之以劳身焦思，既睦九族，协和万邦，黜去四凶，举十六相，故五帝之后，传载唐舜之美，无得而称焉。

尧帝在位期间，不仅处理政务严肃恭谨，对自己的职责不敢懈怠，而且能够推贤让能。他的仁德像天，他的智慧如神；接近他如获得太阳般的温暖，远望他如享受云彩般的灿烂。他的心中，装的是天下的事，他所关心的是困苦的平民。他的仁义光彩照人，顶天立地，他的恩德博深而且实施的广阔。所以，他不用赏赐，百姓就能勤勉工作；他不用处罚，百姓就很有秩序。

甫公将尧舜并称。甫公所说"既睦九族，协和万邦"，指的是尧帝让九个儿子与舜在办理政务时相处，九个儿子也都非常诚笃，称尧帝举用同族中德才兼备的人，这使族人都亲密地团结起来。甫公所说"黜去四凶"，指的是舜开四门，以宾礼众贤，流放四个凶顽的氏族。四凶分别是：黄帝的后代帝鸿氏有个无德无才的子孙浑沌，少昊氏有个无德无才的子孙叫穷奇，颛顼氏有个无德无才的子孙叫梼杌，黄帝之官缙云氏有个无德无才的子孙叫饕餮。舜把他们流放到四方边远之地，于是四门淳和恭敬，就没有凶顽的人了。舜帝智慧而有礼义，仪态和善而信诚。对待属下和百姓不苛刻，非常宽厚。美好的德操好比天地那样广大无边，并且顺应四时变化，因此天下都来归顺，以至感化异类，凤凰也飞来，麒麟也来到。所以甫公写到"三十登为天子者已"。

尧舜之圣德，令甫公敬重佩服而终身仰慕："许身一何愚，窃比稷与契……生逢尧舜君，不忍便永诀。"（《自京赴奉先县咏怀五百字》）"致君尧舜上，再使风俗淳。"安史之乱后，他渴望再现尧舜明君"立登要路津"，渴望像稷契那样辅佐皇上让大唐混乱局势再恢复到贞观、开元时的盛世。虽然他无怨无悔毕生高举的尧舜圣火，竟"百年歌自苦，未见有知音"，但他"比肩稷契"的理想从没放弃过，他发誓："虽遭明主，必致之于尧舜；降及元辅，必要之于稷契，驱苍生于仁寿之域，反淳朴于羲皇之上。"（《乾元元年华州试进士策问五首》）直到他暮归之年还"死为星辰终不灭，致君尧舜焉肯休"（《可叹》）。可见甫公能成长为志在乾坤安泰，襟怀天下忧乐而受人们千载敬仰的伟大诗人，与"圣人之后，世食旧德"受尧舜仁智沐浴是分不开的。他向往尧舜"太平盛世"，也为他是尧之后裔而感到无上光荣。他在《敬寄族弟唐十八使君》诗中称："与君陶唐后，盛族多其人。圣贤冠史籍，枝派罗源津。"甫公此时与唐十八促君论起数千年后同族同宗兄弟，意味深奥，值得我们仔细体会琢磨。

(三)“《春秋传》云：穆叔谓之世禄其在兹乎”

《春秋传》包括《左氏传》、《公羊传》和《谷梁传》三种，先师所言为经，后师所言为传。甫公对所记载华夏历史上政治、军事、经济、外交、世俗民风等盛衰兴亡之经典文献，往往过目不忘，并能融会贯通。据《左传·襄公二十四年》载：

> 穆叔如晋，范宣子逆之，问焉，曰：古人有言曰，死而不朽，何谓也？穆叔未对。宣子曰：昔丐(范宣子别名)之祖，自虞以上，为陶唐氏，在夏为御龙氏，在商为豕韦氏，在周为唐、杜氏、晋主夏盟之范氏，其是之谓乎？穆叔曰：以豹(穆叔别名)所闻，此之谓世禄，非不朽也。

又秋，《左传·昭公二十九年》载：

> 龙见于绛郊。魏献子问于蔡墨曰：吾闻之，虫莫知于龙，以其不生得也。谓之知，信乎？对曰：人实不知，非龙实知。古者畜龙，故国有豢龙氏，有御龙氏。献子曰：是二氏者，吾亦闻之，而不知其故，是何谓也……及有夏孔甲，扰于有帝。帝赐之乘龙，河汉各二，各有雌雄，孔甲不能食，而未获豢龙氏。有陶唐氏既衰，其后有刘累，学扰龙于豢龙氏，以事孔甲，能饮食之。夏后嘉之，赐氏曰御龙，以更豕韦之后。龙一雌死，潜醢以食夏后。夏后飨之，既而使求之。惧而迁于鲁县，范氏其后也。

其意说：唐尧后裔不再是部落联盟首领，但其部落仍然存在。在夏朝时，其子孙建国于刘，首领名累，为夏朝第十四代君主孔甲之臣，传说他善于饲养龙，孔甲赐号御龙氏。后来有一条雌龙死了，他便将此龙烹煮后，暗中进献给孔甲吃。不久孔甲派人察看雌龙情况，刘累心中害怕，便逃到了鲁县(今河南鲁山县)。于是夏又封刘累之孙为诸侯。其后裔在商号为豕韦氏，范氏乃其后也。甫公在《重送刘十弟判官》诗中称：“分源豕韦派，别浦雁宾秋。”甫公引《春秋传》记载从尧陶唐氏，夏御龙氏至商分源豕韦氏，引经据典十分自信的自述吾姓起源。

(四)“杜姓分姓于唐杜，远自周室，迄于圣代，传之于仁义礼智信，列之以公侯伯子男”

有史料记载，在商朝有一杜姓，名铣，仕商天监太师。在周成王时有一杜姓名仲称臣，居中南草楼，号曰仙官，周穆王复召之。甲子九年，分封成王的弟弟叔虞为唐侯。《史记》云：“唐在河汾之东，方圆百里。”今山西平阳府冀城县有唐叔城。尧的后裔封在唐,《太平寰宇记》载夏侯时,封刘累的孙子在这里。这时唐作乱,成王消灭了唐。成王与弟弟叔虞开玩笑,把桐树叶削成圭形,说:"把这个封给你。"史佚请求选择封侯的日期。成王说:"我与他开玩笑呢!"史佚说:"天子没有戏言,只要天子说话,史官就记录下来。"礼仪已成,欢歌乐舞。于是就把叔虞封在唐。后来将唐改封于杜(今陕西西安东南),建杜城,在原唐城留下的叔虞子孙传给燮,燮传八世为晋文侯仇。迁到杜城的唐氏子孙便以杜为姓了。这就是甫公说吾姓"分姓与唐、杜"的典故。后来的《新唐书》的所谓"杜氏出自祁姓,帝尧裔孙刘累之后,在周为唐杜氏,成王灭唐,以封弟叔虞"的记述与甫公对吾姓宏论是吻合的。

直到公元前785年,周宣王要杀杜伯。伯公遇难后,其长子隰叔公携全家逃奔晋国,仕晋国士师。《左传》记载隰叔公裔孙均以士为姓,如晋国献公时大夫,大司空士蒍公,晋襄公时司空士谷公。还有士会公(士蒍的孙子),公元前593年春因他消灭了赤狄甲氏,周天子(定王)把礼服赐给他,令他率领中军,并且担任太傅。士会公别邑于隋,所以叫隋季,后食邑于范,于是就成为范氏。士会公进入秦国归来,他的后代留在秦的为刘氏。《御批历代通鉴》记载:"太祖高皇帝:姓刘,名邦。陶唐氏后裔刘累的后代。春秋时,在晋国是范氏,士会进入秦国归来,他的后代留在秦的为刘氏。后从秦迁到魏,后又居住在丰地。以平民身份在沛县起兵,八年后而成就帝业。"通鉴介绍,秦国宰相范雎,字叔,为客卿,魏国人,是晋国范氏的别支。以上均验证了甫公说杜姓与祁、唐、刘、士、范、同宗的论述。

再依据《新唐书·宰相世系表》看吾姓世系繁衍情况就更为鲜明。其记载:

> 杜伯人为宣王大夫,无罪被杀。子孙分适诸侯之国,居杜城者为杜氏。在鲁有杜泄,避季平子之难,奔于楚。生大夫绰。绰生段。段生赫,赫为秦大将军,食采于南阳衍邑,世称为杜衍。赫少子秉,上党太守。生南阳太守札。札生周,御史大夫,以豪族徙茂陵。三子延寿、延考、延年。延年字幼公,御史大夫,建平敬侯。六子:缓、继、他、绍、绪、熊。熊字少卿,荆州刺史。生后汉谏议大夫穰,字子饶。二子:敦、笃。敦字仲信,西河太守。生邦,字召伯,中散大夫。三子:宾、宏,繁。宾字叔达,举有道不就。二子:翕、崇。崇字伯括,司空掾。生畿字伯侯,魏河东太守丰乐戴侯。三子:恕、理、宽。恕字伯务,弘农太守,幽州刺史。生预,字元凯,晋荆州刺史,征南大将军,当阳侯。

以上历史记载更说明甫公说吾姓“远自周室，迄于圣代，传之以仁义礼智信，列之以公侯伯子男”、“圣贤冠史籍，枝派罗源津”符合史实，句句有出处。

（五）“臣之近代陵夷，公侯之贵磨灭，鼎铭之勋不复照耀于明时。自先君恕，预以降，奉儒守官，未坠素业矣”

甫公说“近代陵夷，公侯之贵”，是指周前后，杜姓世代都有公侯贵爵秉政于各朝廷之内，并取得辉煌成就。像西周士大夫伯公，被宣王错杀，三年后，宣王外出打猎，忽见伯公执弓矢而射之，周宣王受惊落马而亡。于是周人便尊伯公为神，封为右将军，并修建庙宇四时祭祀，称之为杜主庙。

直到汉时，关中一代仍有其庙，仅杜陵县就有四座杜主庙。伯公地位显赫尊贵而又被天下苍生崇为神灵，可见其毕生为人之贤明。在汉代，周公、延年公、缓公，都官至御史大夫，位居三公。他们的裔孙多官高位显，知名于天下。西汉宣帝为追思历来股肱之臣的美德，即命宫廷画家在未央宫中的麒麟阁，摹绘延年公、苏武等十一位功臣肖像进行褒奖，以励后人。近代杜氏虽不像早前“圣贤冠史籍”那样显赫荣耀，但从“恕、预以降”，代代“奉儒守官，未坠素业矣”。

甫公一生对预公崇敬钦佩。他在“放荡齐赵间，裘马颇清狂”之后，于开元二十八年(740)春，除静心读书外，曾操办几件大事。

甫公在首阳山土娄旧庄办的第一件事，是与杨氏完婚。杜甫于 30 岁时，暂时中断了在齐鲁燕赵间的漫游，回到洛阳，在偃师县西北的首阳山下筑就陆浑山庄，然后迎娶了弘农县(天宝年间改灵宝县)司农少卿杨怡之女为妻。司农少卿为主管农业和财政的“副部长”，与世代为官的杜甫家可谓门当户对。妻子小他十多岁，是一位知书达理、聪慧贤淑的女子。甫公在诗里赞许的杨氏，她仁孝、宽厚、慈祥、贤惠是华夏最典型的贤妻良母，甫公与她在困苦、战乱、流亡的艰辛生活中患难与共，走完了人生之路。从甫公那饱蘸深情的笔墨中，我们对诗圣背后那个含辛茹苦相濡以沫的伟大女性，不由得肃然起敬。

第二件事是为父亲闲公庐墓。甫公在《唐故万年县君京兆杜氏墓志铭》结尾中说道：“式志之金石，铭曰：太君之子，朝仪所尊。贵因长子，泽就私门。亳邑之都，终天之地。享年不永，殁而犹视。”点明闲公终天于偃师西亳之都，即土娄旧庄。甫公另于《祭远祖当阳君文》中曰：“小子筑室首阳之下，不敢忘本，不敢违仁。庶刻丰石，树此大道。”祭文已告知后人，此时甫公已住在首阳山下预公裔胄为先人守墓而筑的土室内。在这土室内,甫公不仅仅只为预公撰书祭文,铭刻丰石,而主要是为闲公守护坟墓。闲公大约卒于甫公婚后至清明节之前,即开元二十八年(740)九月九日,此后三年甫公长守在首阳山下土室。

古人极为重视丧礼。《礼记》云:“父母之丧,居倚庐,不涂,寝苫枕块。”并进一步解释道:“居于倚庐,哀亲之在外也;寝苫枕块,哀亲之在土也。”而甫公纯孝之心,对于丧礼更是重视,在闲公下葬后,即在其墓旁搭“墓庐”而居,继续为闲公守护坟墓。《礼记》中没有关于“庐墓”的具体规定,但庐墓由来已久。如《孟子·许行》篇载孔子死后,他的弟子子贡为其庐墓守丧,“筑室于场,独居三年,然后归”。唐代尤为重视庐墓守孝。唐王朝将守丧制度写入了唐律,用立法来维护它的权威,而对违反者进行重惩,如《唐律》规定,“诸居父母丧生子……徒一年”,“诸居父母及夫丧而嫁娶者,徒三年,妾减三等,各离之”等。甚至出现了女子庐墓的现象。如《旧唐书·列女》中记载:刘寂妻夏侯氏,“父卒,毁瘠殆不胜丧,被发徒跣,负土成坟,庐于墓侧,每日一食,如此者积年”。又杨绍宗妻王氏,其父及继母死后,“庐于墓侧,陪其祖父母及父母坟”。这一方面体现了唐人对守孝的重视,也体现了唐人女子地位的提高。

第三件事是在寒食节那天,他隆重地举行祭奠仪式,宣读亲笔敬书的《祭远祖当阳君文》。这篇祭文是我们杜氏传家宝,在我们心目中的分量价值连城。祭文开宗明义自述“十三叶孙甫”,这金光闪闪五个大字,曾成为引起唐宋至今千载千家古今学者争鸣不休、理论不至的谜题。这五个大字,是开启预公至甫公世系的一把金钥匙,能准确说出预公至甫公四百九十年辈分的就是甫公自述“十三叶孙甫”这五个大字。(详见前《从预公至甫公世系考》)

另外甫公在论杜氏世系时以预公为远祖,其义理深奥。他说“自先君恕预以降”,是从恕公可上溯到(汉)延年公和周公,(秦)赫公,(楚)绰公,(鲁)泄公,(晋)隰叔公,(周)士会公、伯公,然后再从预公支流延续到“十三叶孙甫”。以预公为中心上溯下联数千年杜氏世系网络,这种凡例博引、匠心独运的构思,唯甫公莫属。当然,在祭文中还自述吾姓“初陶唐氏,出自伊祁”,就八个字,阐明唐之前杜姓三千余年之渊源。

第四件事是为姑母、祖母作二篇墓志铭,刻碑立传,写下了《唐故万年县君京兆杜氏墓志铭》和《唐故范阳太君卢氏墓志铭》。这两篇墓志铭是甫公殚精竭虑而承袭编撰的一部活家谱。预公有四个儿子,除次子跻公查无史料外,长子锡公,三子尹公在《新唐书·宰相世系表》中均有详细记载,唯独少子耽公,在唐朝及以后不少历史文献内,没有一个完整系统的世系记载。而甫公在“姑母墓志”里,通过“曾祖某(指闲公曾祖鱼石公),隋河内郡司功,获嘉县令”的点化,启发开导了后人经千余年的费神劳心,引经据典而从预、耽、顾、逊、坦、乾光、渐、叔毗、鱼石、依艺、审言、闲、直到甫,终破解了“十三叶孙甫”这千载之谜。

在“祖母墓志”中,我们惊奇发现,甫公对其大家族母系也作了详述。文中说审言公继室“范阳县太君卢氏,卒于陈留郡私第,春秋六十有九……前夫人薛氏之合葬也。”对其五个姑父也一一入志。薛氏生三女:大姑适鉅鹿魏上瑜,蜀县丞;二姑适河东裴荣期,任济王府录事参军;三姑适范阳卢正钧,平原郡司仓参军;卢氏生二女:即四姑适京兆王佑,峡州尉;五姑适会稽贺撝,常熟主簿。还记载若冢妇同郡卢氏,意指甫公继母是祖母范阳郡同姓卢氏之女。文内没有记述其韦氏妹,但甫公一些诗文里几次提到过,如:“近闻韦氏妹,远在汉钟离。”

此外,甫公和姨表兄弟荥阳郑宏之同往洛阳北邙山曲,合祭他们的外祖母时,写了一篇《祭外祖祖母文》。这篇祭文详述了外祖母家史的悲凉凄惨。文章开头曰“伯道何罪,阳元谁抚”,此借用晋人魏舒(字阳元)、邓攸(字伯道)两位名人,弱岁而孤,后平生素有德行,而都到告老年迈之时,却均无儿送终,处穷独之苦,由此斥责“天道不公”也。祭文又曰:“缅维夙昔,追思艰窭,当太后(武后)秉柄,内宗如缕,纪国则夫人之门,舒国则府君之外父。”这段大意在回忆武后执政前后,有内乱之象。重要一点是说明外祖和外祖母的背景。纪国乃是唐太宗李世民的第十子“纪王慎”,甫公的外祖母是纪王慎的孙女。舒国是高祖李渊的十八子李元名,李世民的弟弟,舒国李元名的女儿是甫公外祖的母亲。甫公外祖乃是唐中宗时拜国子司业的崔融,崔融与审言公、李峤、苏味道并称为“文章四友”。崔融长女嫁闲公为妻,乃甫公生母崔氏。

内乱之象是指垂拱四年(688)武则天称制,谋夺李氏社稷,要削除唐宗室,对诸王有才行美名者,武则天更加记恨,诸王因此密谋匡复帝业。是年七月,武则天召宗室朝拜明堂,诸王惊疑武后乘机尽诛宗室,于是趁势假造皇帝玺书,言皇帝被幽禁,请诸王发兵相救。武即借此命酷吏周兴等审问逼供,迫使韩王元嘉、鲁王灵夔、常乐公主自杀,后越王贞也兴兵伐武失败自杀。对此后乱情,甫公在祭文中说:“盖乃事存于义阳之诔,名播于燕公之笔。”意谓对纪王慎没有谋反也被下狱。张燕公书《义阳王碑》曰:“初永昌之难,王下河南狱,妃录司农寺,唯有崔氏女,屝屦布衣,往来供馈,徒行悴色,伤动人伦,中外咨嗟,目为勤孝。”《新唐书》又载:“纪国之女,适太子司议郎裴仲将,王死呕血数升,绝膏沐者二十年。王既归葬,一恸而卒,中宗举哀,章善门,下诏褒扬。勤孝孝悌,萃于一门,未有如纪国之盛者也。”

后来甫公在夔州与高祖第十六子道王李元庆的玄孙李义相遇,临别写诗给他曰:“神尧(指高祖李渊)十八子,十七王其门,道国(李元庆)及舒国(李元名),实维亲弟昆。中外贵贱殊,余亦忝诸孙。”依照上述记载,我们得知,从外祖母纪国门一支讲,甫公是唐太宗的六世外孙;从外祖父舒国一门讲,甫公是唐室高宗的六世外孙。因甫公外祖父崔融的母亲又是舒王李元名的女儿,甫公常以唐室的外家子孙自居,他一生都忠于皇室,“一饭不忘君”,是有其亲缘关系的。

《祭外祖祖母文》中又说:“宏之等从母昆弟,两家因依,弱岁俱苦,慈颜永违。岂无世亲,不如所爱;岂无舅氏,不知所归。”此段意说:我和姨表兄弟宏之居住在巩县、荥阳相邻,常年来往,世代亲近。然而祸从天降,在我不记事的婴儿时期,因生母先逝,使我失去母爱,陷入少小多病的苦境,生母的慈颜,我永世不能相见。可并不是没有世亲,外祖外祖母家那么多的皇戚贵亲有谁来看过我,更无谁疼爱过我。如若不是这么多的舅氏盛族,吾真不知所归。后安史之乱时,在白水县仕县令的舅父十九翁,为辟战乱,就把甫公全家安排在山水秀丽的一所高斋里,吃穿不愁。在阆州东楼宴别十一舅时曰:“今我送舅氏,万感集清樽。”在甫公流亡穷困潦倒时,很多舅氏对甫公都给予不同程度的救助。

甫公在祭文最后曰:“誓以偏往,恻恋光辉。渐渍相勖,居诸造微。幸遇圣主(指玄宗),原发清机。以显内外,何当奋飞。”此意说:我们这么多的皇室内外诸孙,发誓要向往皇室,忠于皇上。通过常来常往,互勉互为,造就体贴入微的亲情关系,正遇圣明皇上,机不可失,发挥我们的才能,大唐何能不奋飞。这与在《华州试进士策问》中说的“虽遭明主,必至之于尧舜”大意类同。

由以上重读甫公撰《祭外祖祖母文》确信,甫公母亲崔氏出身皇室,并探索到甫公确在不记事的弱岁时即失去慈颜的实情①,又使我们更深刻地了解甫公一生中无论身处何处,无论境况如何,他总是念念不忘而忠于皇室的原因,"葵藿倾太阳,物性固难夺"、"一饭不忘君"的原委。深入剖析此文,对我们进一步探索本支家史大有助益。

(六)甫公对从族辈分了若指掌

在甫公的诗集内,有像"寄杜位"、"示侄佐"、"示从孙崇简"、"哭长孙九侍御"、"送从弟亚赴河西判官"、"示从孙济"等不少与从族子孙交往的诗题,而且内容丰富,情真意切。如公在《送从弟亚赴河西判官》诗中称:"令弟草中来,苍然请论事。诏书引上殿,奋舌动天意。"赞颂从弟亚公之才辩,足以能说服圣上,制定安邦之策。

亚公(725—798),仇氏《杜诗详注》引卢注曰:"亚于大历年间为谏议大夫,使魏州宣慰,继又为江西观察使足见其能。"《新唐书》传记:"杜亚字次公,自云京兆人。"《新唐书·宰相世系表》云:"亚为汉延年之后,与杲同房。"杲公是京兆房锡公之后,预公八世孙。据旧史记载,亚公的高祖文,瑶二公是西汉延年公的二十代孙(一说是十七代孙)。

现根据甫公称亚公为从弟倒推通算,可得出:甫、亚—闲、绎—审言、含章—依艺、玄道—鱼石、瑶—叔毗、杲—渐、皎—乾光、秀—坦、折—逊—顾、乂—耽、锡—预—恕—畿—崇—宾—邦—敦—穰—熊—延年。因此可得知,亚公高祖瑶公乃预公九世孙,是汉延年公的十八世孙,而不是旧谱所说瑶是延年公的二十世,或十七世孙。根据史料记载甫公与亚公生卒年代,年龄和历代辈分对照,二人为从兄从弟同是预公十三代孙是完全可信的。

又如《示侄佐》和《佐还山后寄三首》,是甫公在乾元二年居秦州所作。仇氏《杜诗详注》引鹤注曰:"佐,是襄阳房殿中侍御史暐之子。《旧唐书》杜佐终大理正。"从《新唐书·宰相世系表》看,襄阳房暐公之子佐公未有记载官衔,而记载仕大理正官职的是京兆房锡公后裔,穆宗时宰相元颖公之父佐公。据《旧唐书》卷一百六十三记载:"杜元颖乃莱公如晦裔孙也。父佐官卑。"意为低级官员,而没有说仕大理正。总之,以上记载一个是襄阳房尹公后"佐"公,一个是京兆房锡公之后"佐"公。按世系数,两个"佐"公都是预公十四叶孙,都是甫公的从侄。但不知甫公两首诗是为哪个"佐"公而写,还要

① 前不少学者都认为在甫公诗文里很难找到有关记述他母亲的事迹。以上"弱岁俱苦,慈颜永违",就是记述母亲不幸早逝,使他失去母爱的经过。

进一步探讨，不过两个从侄“佐”公又一次证实，甫公为预公十三叶孙确信无疑。

甫公在天宝十三载作《示从孙济》一首。对济公的辈分，多家注解不一。对此杜诗学家邓绍基先生有一段论述可鉴录，他说：

> 关于杜济是否为杜甫之从孙，旧时注家因据《新唐书·宰相世系表》和颜真卿《杜济神道碑》发现了不合之处，提出了疑问，有作判断的，有不作判断的。钱笺中《示从孙济》注文云：“宰相世系表：济字应物，给事中，京兆尹。颜鲁公《杜济神道碑》：征南十四代孙，东川节度兼京兆尹。”钱氏未加判断。朱鹤龄说，据《新唐书·宰相世系表》，杜济为十四代，而杜诗中云“诸孙”。据世系表，杜济应为侄行。朱氏以为世系表不可据。仇注在转引朱说后云：“又钱笺引颜真卿《杜济神道碑》：济为征南十四代孙，东川节度使兼京兆尹。”亦与表合。当以公诗为正。

今按，朱、仇二氏所说世系表载杜济为“征南十四代”，当为不包括本身的算法，如果自杜预到杜济统算则是十五代。只要覆按世系表，这是明白无误的。还可举另一个例子作说明。韩愈《柳子厚墓志铭》云：“子厚讳宗元，七世祖庆，为拓跋魏侍中，封洛阴公。”查《新唐书·宰相世系表》，自柳庆到柳宗元，不计本身正为七世，统算则是八世。所以仇氏等说《杜济神道碑》与《新唐书·宰相世系表》相合，当无误。可问题在于不能把不连本身的计算法用来解释杜甫的《祭远祖当阳君文》，文中杜甫自称是杜预的“十三叶孙”，如果也用这种计算法，自杜预到杜甫，只能说是十二世，统算则为十三代。所以仇氏所言，当以“公诗为正”，杜甫自称的“十三叶孙”只能是一种统算法。而如果对宰相世系表也用统算法，自杜预到杜济恰为十五代。十三叶孙和十五叶孙，那就是祖孙关系了。

邓绍基先生还举例说，李白《漂阳濑水贞义女碑铭》云：“皇唐叶有六圣，再造八极。”“皇唐叶有六圣”，指高祖、太宗、高宗、中宗、睿宗和玄宗。又如张渭《长沙土风碑铭并序》云：“巨唐八叶，元圣六载，正言待罪湘东”，“八叶”指李渊到李豫，“六载”指从李豫接位的宝应元年(762)到大历二年(767)，其时张渭在潭州任职。以上对“叶”的计算都是连头带尾统计的。我们强调：

> 从预公至甫公自称为十三世，这个是不能更动的。而邓绍基先生在理论上对“叶”和“统算”的论证和我们的意见完全一致。《示从孙济》从预、尹、绯、袭、标、冲、洪泰、颙、景秀、懿、干祐、续、知让、惠、济。济字应物，东川节度使，兼京兆尹。其有五子、四女，唐著名书法家颜真卿是

其女婿之一。从以上辈分排列看邓先生的推论完全符合史实。更肯定了甫公自述的家世是信而有征,不容置疑的。

从唐以后记载唐史的《新唐书·宰相世系表》排序杜姓部分看:以西汉周公为始祖的京兆房,包括以延年公为始祖的另一支京兆房;以尹公为始祖的襄阳房;以恕公小弟宽公为始祖的洹水房;以秦大将赫公之子威公为始祖的濮阳房。旧史记载以畿公后胄弼公为始祖的中山房,根本找不着有耽公至甫公十二代的任何踪影。可甫公早就把以上五房等杜姓家乘,历代簪缨,有选择地描绘在他诸多的诗赋中。

前文我们列举甫公从族"京兆房"亚公、佐公、"襄阳房"济公。再如甫公在《送长孙九侍御赴武威判官》诗中称:"族父领元戎,名声国中老。"又在《季夏送乡弟韶陪黄门从叔朝谒》诗题目中直称从叔。前首诗内"族父"与后诗题目中"从叔"均指代宗时宰相鸿渐公而言。大历二年(767)二月,代宗命宰相鸿渐公为山南西道,剑南东川副元帅,剑南西川节度使入蜀平乱。甫公对从叔"性畏怯"、"畏杀戮"不分青红皂白搞所谓"和平共处"的作为,是有不同看法的,他在《赠李八秘书别三十韵》一诗中说:"势藉兵须用,功无礼忽诸?"意规劝鸿渐公,对崔干乱杀无故应该治罪,更不应上表加封崔干为剑南西川节度使,对那些"冒功而无礼"诸将军不可忽之而不问。矛盾属矛盾,他对从族"族父领元戎"还是非常尊重,还希望他能辅佐皇上治理国事而恢复贞观之治的局面。

鸿渐公祖籍属濮阳房,《新唐书·宰相世系表》称"濮阳杜氏出自赫子威,世居濮阳"。旧史称威公十七代孙模公,北魏时仕濮阳郡太守,先将家迁到洛阳,后徙居濮阳为籍贯了。到鸿渐公属模公八世孙,威公二十五世孙。秦大将赫公生二子,长曰威公,是鸿渐公二十五世祖,少子秉公为甫公二十六世祖。这威公二十五叶孙鸿渐公与秉公二十六叶孙甫公一定是叔侄关系而无错。二人虽同出一源,然而血缘关系已从秦朝演变到中唐,时空跨越九百余年,甫公意能知鸿渐公排为从族父辈,这在盛行谱牒的社会里也算是一桩奇闻,实引后人赞叹。

甫公熟读经史子集,对历代人物及典故都能条分缕析,博闻强记,遂能执笔运思在他所需的诗文内。他又遨游大半个中国,上至天子群臣,下及庶民,他能将各类人物之间发生的时事、民情以传记、游记、书札、寓言把他们播迁,郡望家训,世风民俗等文化内涵,撰书成诗赋广为传播,成为我们学习历史、地理、人文、遗传、社会的百科全书。粗略翻阅甫公一千四百余首诗目录,像《赠李白》、《九日寄岑参》、《魏将军歌》、《寄高适》、《奉待严大夫》等以人命题的诗达九百三十余篇。诚如今学者钟书梁先生所言:

> 唐代伟大诗人杜甫在他1400多首诗篇中描绘,塑造了自开元、天宝以来数十年间社会各阶层的人物形象,其所写人物范围的广阔、形态的鲜明、内心世界揭示的真切、社会环境联系的紧密和社会意义显示的深刻,在当时都应是首屈一指,抑且是前无古人(就诗歌言)的。写人是文学作品的重要职责,杜甫在这方面是克尽其责并有着光辉的成就(写人当然也包括写诗人自己)。司马迁以文写人,杜甫以诗,可以说杜甫是诗歌史上的司马迁。

数年来为修撰祖谱,反复查阅学习了甫公诗卷,对甫公更加尊崇。喜出望外地看到在光照千古的"诗史"内,竟蕴藏着广泛的甫公家世系统的秘密,逐渐完善了吾族世系考。在我们的心目中,"诗史"不仅是一部珍贵的"杜氏族谱",更是我们探索姓氏文化取之不尽的宝典。

晋驸马都尉镇南大将军当阳成侯预公世系表

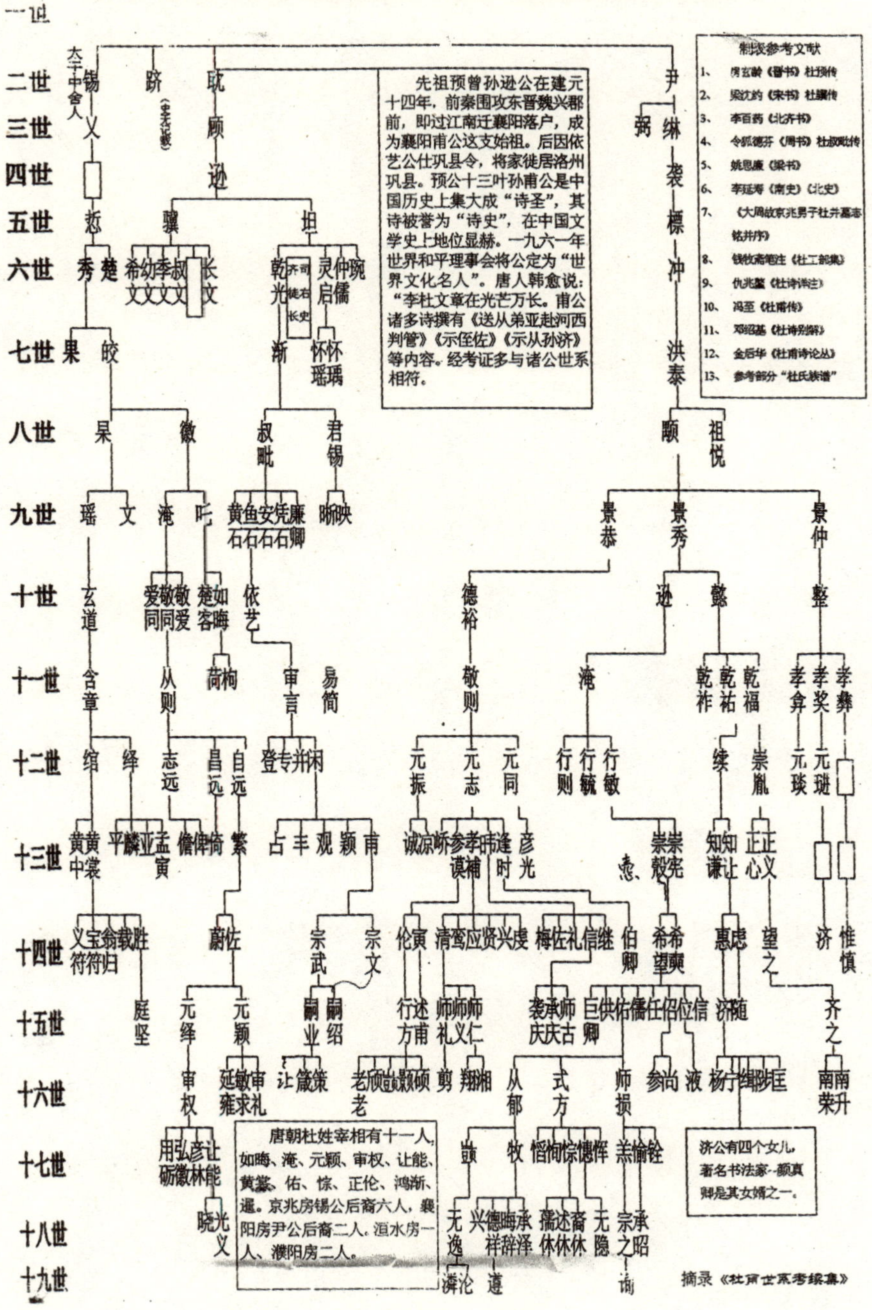

摘录《杜甫世系考续集》

仓、厥公

上联：先臣依艺奕叶于巩越四十世圣贤睿藻乎六虚

下联：远祖仓厥始迁于密逾五百年本枝根株乎万代

横批：恭桑敬梓

——杜甫三十九代孙杜填仓撰联

甫公后经七百六十余载，二十五代至仓、厥祖。

尝闻“盛世修祠，丰年续谱”。20 世纪 90 年代末，不少族人再三倡议修祠续谱，以彰先祖功德，以昭后世子孙。基于此，十五世孙金亭于公于 1999 年 3 月 16 日(农历正月廿九)，会同十四世孙德财、群、新印，十五世孙填仓、炳旺、炳森、寿山等，召开筹备会议后，又召集自然村族人，近三十名代表汇聚于供电处，对修祠续谱达成共识，一致认为：修祠续谱，势在必行，一时一刻不可延误。与此同时，建立修祠续谱委员会，推选德高望重的金亭公为主任，另有四名顾问，十三名副主任，十五名委员。由此，修祠续谱工作在新密市、禹州市杜氏族人中全面展开，各村族人走村串户，查寻资料，无不为之而奔忙，热情之高难于言表。

2000 年 3 月，十五世孙金柱公在搜寻资料中，出人意料地寻获出土祖茔残碑一方，碑载“祖居襄阳府，始祖唐工部，讳甫，字子美，迁巩州越数十世，仓、厥祖至大明年间始迁于密……”继而，十五世孙金亮公等又在菜园沟寻获祖茔墓碑一方。这是金柱、金亮公等为此次修祠续谱所做大贡献。墓碑的寻获，不仅对我族世系排列提供了坚实的佐证，而且彻底否定了以往误传吾族是“由山西洪洞县迁密”之说。更令族人欣喜若狂的是，让吾族追到了根——唐朝大诗人、世界文化名人杜甫，寻到了迁密始祖——杜仓、杜厥。

难能可贵的是甫公后裔，在大清道光十一年十一月初一日为秉仁公立此墓碑，立仓、厥祖为一世祖，卒葬河东康家楼，二世至四世祖卒葬菜园沟，五世至七世祖卒葬东茔，八世祖卒葬超化镇胡地廻龙山。而不少健在的族人，清明节、十月初一、大年除夕还到这几处墓地祭祀。出土墓碑虽说残缺一角，阙失二至四世祖名讳，然而德才叔、群叔等几位老人还能回忆起他们的名讳。对此，我们反复进行了考校，秉仁公墓碑从一世到十二世，和现世相传的世代完全相符。大清同治三年敬立芸公墓碑虽无世代记载，但其所记最底之世是三多公。如果按现在相传的世代对照，三多公即为十三世，与本支十三世祖三刚、三吉、三思、三杰公等十余位三字辈诸相吻合。依此十三世上朔，芸公当为七世祖。两方碑记对应，十世祖均为“长”字辈，十一世祖均为“天”字辈，十二世祖均为“开”字辈。根据仓、厥迁密时间推算，对照我族人口繁衍情况，基本相符。为此可以说这不是巧合，而是见证迁密的仓、厥始祖后裔的不同支系无可置疑。

从前面《关于祖茔墓碑的确定》中，较为合适地推算出了新密、禹州杜氏由巩迁密时间是公元1471年。如果依这个759年按30年为一世推算，新密始祖仓和厥确为甫公世代的25世。故，我们决定走访河南省社会科学院杜甫研究所和巩义市各家杜氏长者，予以确认。

正是：

拜读丰碑有详注，喜闻祖籍襄阳府。
依艺盛唐官御史，州令携眷巩落户。
景云三年降文曲，笔架山下生杜甫。
唐至大明八百载，世代耕耘苦于读。
仓厥二祖巩迁密，二十五叶立世祖。
卒葬康楼碑无价，绝路上苍赐天书。
来龙去脉今修定，谱存千秋无迷途。

杜氏家族根系圣贤，从新密西瓦店村和胡地村杜氏祖坟出土“两方墓碑”的历史见证，仓厥祖明中巩州迁密，密大清同治年间迁禹老场根系杜甫直系。(一)方，碑文记载清楚载文曰：“祖居襄阳府，始祖唐工部，讳甫，字子美，迁巩州越数十世，仓厥祖至大明年间始迁于密……”(二)方，大清同治三年岁次甲子阳月上浣所立：清(处繁体)士杜公讳芸字香亭……旺公生子九君、九臣迁徙禹州老场。为了使出土的杜氏祖坟墓碑得到永久的保护，三十九世孙杜填仓指导下，在族人的共同努力和支持下，于家岗杜氏祠堂顺利落成，开光典礼时，把第一方墓碑按放在祠堂大殿东侧，此碑年时已久，以防残缺，铝合金加固，玻璃箱封存加以保护，在老碑基础上拓片另复制新碑竖立祠堂庭院，望后人展览。第二方杜氏墓碑老坟出土后，族人把此碑临时存放在西瓦店杜村村头土地庙里，三十九世杜填仓研究杜氏文化放心不下，惦记寄存土地庙里的墓碑不能丢失，归落杜氏祠堂永久保存。号召族人协商，四十一世杜发群自发完成此项任务。于是，杜发群和外甥赵兵一同前往土地庙察看，墓碑依然存在，于2014年正月初三中午自费租车，把此碑运到于家岗杜氏祠堂里。次日打出拓片后，三十九世杜随运亲自把此碑竖立在祠堂大殿右侧和第一方墓碑同步。对此二方墓碑的保护工作，是杜氏家族的一大幸事，祖籍襄阳、巩义，根系圣贤，世系分明，一脉相传。这不仅为杜氏家族研究杜氏姓系和杜甫文化奠定基础，也为传承历史文化做出了贡献。

附一:甫公至仓、厥公世系表

一世(预公:十三世 伯公:三十七世)

甫:字子美。妻杨氏,生子宗文、宗武

二世(预公:十四世 伯公:三十八世)

宗武:字义夫。妻何氏,生子嗣业。

三世(预公:十五世 伯公:三十九世)

嗣业:字力勋。妻何氏,生子策、箴、让。

四世(预公:十六世 伯公:四十世)

让:嗣业三子,仕官雷州同户。生子衷畏。

五世(预公:十七世 伯公:四十一世)

衷畏:生子德。

六世(预公:十八世 伯公:四十二世)

德:生子根。

七世(预公:十九世 伯公:四十三世)

根:生子袭、曾。

八世(预公:二十世 伯公:四十四世)

袭:生子护、炅、进。

九世(预公:二十一世 伯公:四十五世)

炅:由瑶湾徙居方赵七甲,谓鲁村。生子元伦、元宝、元恭。

十世(预公:二十二世 伯公:四十六世)

元恭:生子荷、弼、淹、彦。

十一世(预公:二十三世 伯公:四十七世)

荷:生子伯玉。

十二世(预公:二十四世 伯公:四十八世)

伯玉:生子举。

十三世(预公:二十五世 伯公:四十九世)

举:生子准。

十四世(预公:二十六世 伯公:五十世)

准:生子诚。

十五世(预公:二十七世 伯公:五十一世)

诚：生子尚、会、静。

十六世（预公：二十八世 伯公：五十二世）

尚：生子明、节。

十七世（预公：二十九世 伯公：五十三世）

明：生子才干、才升。

十八世（预公：三十世 伯公：五十四世）

才升：生子承敬。

十九世（预公：三十一世 伯公：五十五世）

承敬：生子绍度。

二十世（预公：三十二世 伯公：五十六世）

绍度：生子文礼。

二十一世（预公：三十三世 伯公：五十七世）

文礼：卒葬南官庄。生子麒、麟。

二十二世（预公：三十四世 伯公 ：五十八世）

麟：生子洁、贵。

二十三世（预公：三十五世 伯公：五十九世）

贵：生子宽

二十四世（预公：三十六世 伯公：六十世）

宽：生子仓、厥。

二十五世（预公：三十七世 伯公：六十一世）

仓：

厥：

附二：仓、厥祖世系表

一世（甫公：二十五世 预公：三十七世 伯公：六十一世）

仓：祖籍襄阳府，始祖唐工部讳甫字子美迁巩州越数十世，仓厥祖至大明年间始迁于密，葬河东康家楼。子：承儒。详情查河南省新密市，福寿堂《杜甫世系考》第711页。

厥：

二世（甫公：二十六世 预公：三十八世 伯公：六十二世）

承儒：卒葬菜园沟立祖坟。子：煜。

三世（甫公：二十七世 预公：三十九世 伯公：六十三世）

煜：卒葬菜园沟祖坟。子：仲和

四世（甫公：二十八世 预公：四十世 伯公六十四世）

仲和：卒葬菜园沟祖坟。子：国泰。

五世（甫公：二十九世 预公：四十一世 伯公：六十五世）

国太：卒葬廻龙山立祖坟。子：希孔。

六世（甫公：三十世 预公：四十二世 伯公：六十六世）

希孔：卒葬东茔祖坟。子：论、芸

七世（甫公：三十一世 预公：四十三世 伯公：六十七世）

论：卒葬东茔祖坟。子：秉仁。

芸：卒葬菜园沟祖坟。子：文道、文生、文周。

八世。（甫公：三十二世 预公：四十四世 伯公：六十八世）

秉仁：卒葬廻龙山祖坟。妻钱氏。子：焯、烜

文道：卒葬菜园沟祖坟。子：兴、旺、熠、荣、耿。

文生：

文周：

九世（甫公：三十三世 预公：四十五世 伯公：六十九世）

焯：卒葬廻龙山祖坟。妻吕氏。子：长安、长宁、长周、长成。

烜：卒葬廻龙山祖坟。妻杨氏、蔡氏。子：长府。

兴：从杜村迁老城后关居住，卒葬西岗。子：长泰。

旺：大清同治年间迁禹州苌庄老场，河东葬三代，后迁老场西坡。子：

十世（甫公：三十四世 预公：四十六世 伯公：七十世）

长安：卒葬廻龙山祖坟。妻张氏。

长宁：卒葬廻龙山祖坟。妻卢氏。

长周：卒葬廻龙山祖坟。妻郭氏。

长成：卒葬廻龙山祖坟。妻钱氏。

长府：卒葬廻龙山祖坟。妻李氏。子：天纯。

长富：卒葬菜园沟祖坟。

长照：卒葬菜园沟祖坟。

长清：卒葬菜园沟祖坟。

长泰：卒葬位洞沟东祖坟。妻杨氏。子：天奎。

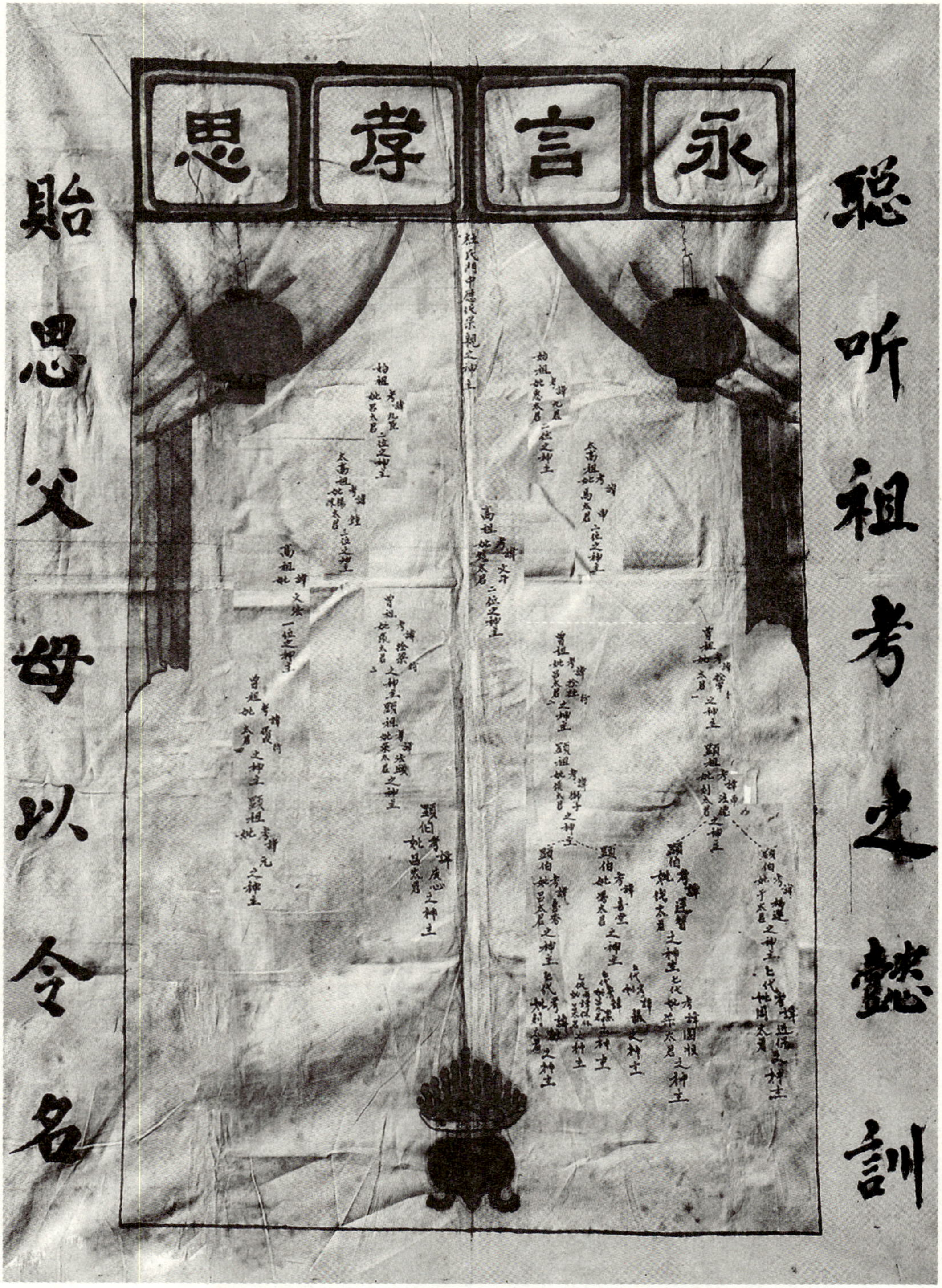

九君、九臣，双立祖，五代分支见河南省禹州市福寿堂《本支百世》

九君:卒葬禹州市苌庄乡老场。配吕氏。子:申。

九臣:卒葬禹州市苌庄乡老场。配惠氏。子:钟。

十一世(甫公:三十五世 预公:四十七世 伯公:七十一世)

天行:卒葬廻龙山祖坟。妻朱氏。

天峰:卒葬廻龙山祖坟。妻李氏。

天魁:卒葬廻龙山祖坟。妻黄氏。

天柱:卒葬廻龙山祖坟。妻王氏、慎氏

天明:卒葬廻龙山祖坟。妻霍氏。子:三妮。

天宝:卒葬廻龙山祖坟。妻高氏、米氏。

天兴:卒葬廻龙山祖坟。妻于氏。

天戌:卒葬廻龙山祖坟。妻魏氏。

天景:卒葬廻龙山祖坟。妻宋氏。

天春:

天纯:卒葬廻龙山祖坟。妻王氏。子:开周。

天元:卒葬菜园沟祖坟。妻偶不祥。子:福田、治田、聚田、新田。

天保:

天乙:卒葬菜园沟祖坟。妻范氏。子:喜科、喜枝、喜秀、喜明。

天健:

天奎:从老城后关迁居位洞沟,卒葬沟东老场南祖坟。妻樊氏。子:西。

天德:妻姜氏。子:劳。

天锡:

成:卒葬廻龙山祖坟。子:运。

三:卒葬廻龙山祖坟。妻郭氏。子:同。

文亮:禹州市苌庄乡毛栗沟砦坡世系。妻刘氏,继妻王氏、郭氏、姚氏。子:贞、有名。

文禄:(同上)。妻姚氏。子:英。

文洛:(同上)。妻刘氏。子:荣、聚。

文祥:(同上)。妻马氏。子:友、末。

文章:(同上)。妻张氏。子:顺。

文禄:(同上)。妻赵氏。子:旺。

文学:禹州市苌庄乡毛栗沟村刘 组、炉西组世系。妻范氏。

子：林。

文朝：禹州市苌庄乡铁山村杨沟世系。妻钟氏。子：元太、元平、元三、元正。

文信：(同上)。无子。

申：妻马氏。子：文斗。

钟：妻陈氏。子：文法。

茜：平陌镇龙岗村世系。卒葬龙岗村杜家老坟。生子：奇、茉、滴留。

寿：平陌镇龙岗村世系(1905—1951)。卒葬马家沟杜家新坟。妻栾氏(1910—1947)。子：金福。

十二世(甫公：三十六世 预公：四十八世 伯公：七十二世)

金山：

遂意：

保聚：

保良：

培头：城关镇杜村十二世祖培头公后裔。妻不详。子：孟成、孟来、得印、治印。(10)

留旺：城关镇杜村十二世祖留旺公后裔。妻不详。子：保山、保贤。(11)

西：城关镇于家岗十二世祖西公后裔。妻陈氏。子：秋、德保、奇、秀。(12)

劳：七星岗镇宦湾十二世祖劳公后裔。妻巩氏。子：坤、申。(33)

富：十二世祖劳公后裔。无嗣。

群头：十二世祖劳公后裔。无嗣。

六：十二世祖劳公后裔。无嗣。

开富：超化湖地十二世祖开富公长门后裔。子：葆锷、葆贞、葆瑞、葆恒。(13)

超化镇湖地十二世祖开富公次门后裔。(14)

超化镇湖地十二世祖开富公三门后裔。(15)

超化镇湖地十二世祖开富公四门后裔。(16)

开松：超化镇湖地十二世祖开松公后裔。子：海成。(21)

喜成：超化镇湖地十二世祖喜成公后裔。妻候氏。子：地岚、文明。

(22)

四:超化镇湖地十二世祖四公后裔。妻刘氏。子:六园、金冠。(20)

闯:超化镇湖地十二世祖闯、珀二公后裔。子:秀池、群、同、同德。(23)

珀:十二世祖闯、珀二公后代。子:丙夫。

保玉:超化镇湖地十二世祖保玉公后裔。子:枝。(25)

福田:城关镇杜村十一世祖天元后裔。妻王氏。子:三多、王刚、三旺、三吉、三乐。(1)

治田:十一世天元后裔。妻楚氏。子:三省、三甲、三臣。

聚田:十一世天元后裔。妻不详。子:三、三迁、三恩。

新田:十一世天元后裔。妻秦氏。子:三杰、三海。

仲:城关镇杜村十二祖世仲、明义二公后裔。卒葬廻龙山。子:文杰。(2)

明义:卒葬廻龙山。收三迁为嗣。

良:城关镇杜村十二世祖良公后裔。卒年五十一岁。妻郭氏。子:迎春。(3)

三妮:城关镇杜村十一世祖天明公后裔(1885—1953)。妻吴氏。卒于1928年。续妻屈氏。子:钦。(6)

喜科:城关镇杜村十一世祖天乙公后裔。妻钱氏。子:庆福。(7)

喜枝:十一世祖天乙后裔。妻李氏。无嗣。

喜秀:十一世祖天乙后裔。妻冯氏。子:小六。

喜明:十一世祖天乙后裔。妻王氏。子:铁栓。

劳:十一世祖天德后裔。字开义。妻刘氏。子:文定、文玉、文卿、国贞。(8)

开周:超化镇湖地十二世祖开周公后裔。妻王氏。子:保玉、三成、灯。(17)

运:超化镇湖地十一世祖成三公后裔。妻韩氏。子:大柱、来柱。(27)

同:十一世祖成三公后裔。妻冯氏。子:旺。

庆昌:城关镇梁沟十二世祖庆昌公后裔。妻梁氏。子:合义、合林。(28)

奇：平陌镇龙岗村世系。十一世茜祖后裔。妻贾氏。子：兑。(32)

莱：十一世茜祖后裔。妻高氏。子：合。

滴留：十一世茜祖昏裔。妻申氏。子运合。

金福：十一世茜祖后裔(1896—1966)。妻范氏(1898—1981)子：喜合、进、圈。

银：十一世茜祖后裔。生一女：兰。

安：十一世茜祖后裔(1920—1983)。妻杨氏。子：明、喜、栓定。

海知：禹州市苌庄乡莱沟村王武闯、玩北村寺沟世系。子：文成。(36)

老根：禹州市苌庄乡莱沟村王武闯、玩北村寺沟世系。妻蒋氏。子：哑巴、毛妞、金富。

麦贵：禹州市苌庄乡杜沟村染房垌世系。妻候氏。子：三保、牛群、三林。(37)

文斗：禹州市苌庄乡石庙村西坡世系。妻钱氏。子：拴牢、拴柱、拴梁。(38)

文法：禹州市苌庄乡石庙村西坡世系。抱养一子。子：保成。

年：禹州市芹庄乡毛栗沟红石岩世系。妻李氏。子：玉山、福山。(40)

贞：禹州市苌庄乡毛栗沟砦坡世系。妻姚氏。子：万长。(41)

有名：(同上)。原妻段氏。继妻姚氏。子：万行、万青。

英：(同上)。妻范氏。无子。

荣：(同上)。妻钟氏。子：万得、万年。

聚：(同上)。妻惠氏。子：万书。

友：(同上)。妻郑氏。无子。

末：(同上)。妻屈氏。子：万科。

顺：(同上)。妻魏氏。无子。

旺：(同上)。妻张氏。子：万才。

林：禹州市苌庄乡毛栗沟村刘 组、炉西组世系。妻候氏。子：路、海得。(43)

红：禹州市苌庄乡玩北村小锁沟世系。妻张氏。子：富运、得运。(44)

唧：(同上)。妻李氏。子：知妞、小保。

三:(同上)。妻王氏。子:娄、拴。

仓聚:禹州市苌庄乡玩花台村北头世系。子:井太、文太、得宝。(45)

元太:禹州市苌庄乡铁山村杨沟世系。妻吴氏。子:春光。(46)

元平:(同上)。妻倪氏。继妻李氏。无子。

元三:(同上)。妻任氏。无子。

元正:(同上)。妻唐氏。子:春和、春山。

创:(同上)子:长青、长安。

城关镇杜村十三世祖迎秋公后裔。(4)

城关镇杜村十三世祖迎瑞公后裔。(5)

城关镇杜村十二世祖某公后裔。(9)

超化镇湖地十三世祖代公后裔。(18)

超化镇湖地十三世祖秀、仓二公后裔。(19)

超化镇湖地十三世祖丕柱、栓二公后裔。(24)

超化镇湖地十三世祖辰柱、遂辰二公后裔。(26)

岳村镇司家十二世祖某公后裔。(29)

岳村镇司家十三世祖贵公后裔。(30)

岳林镇同家十四世祖某公后裔。(31)

超化镇东店村十六世祖某公后裔。(34)

超化镇东店村十五世某公后裔。(35)

禹州市苌庄乡杜家沟世系。(39)

禹州市苌庄乡毛栗沟毛东组世系。(42)

附三：禹州支系九君九臣

上联：甫胄仓廒宗明中迁密生生不息

下联：旺裔君臣祖清末从禹绵绵流长

横批：根系圣贤

——杜甫第四十一代孙杜发群撰

据大清同治三年岁次甲子阳月（1864 年 3 月）碑文记载，大明万历年间，仓、廒祖自巩县迁密县。仓、廒祖之后，杜芸子生子文道、文生、文周。文道生子杜兴，杜兴生子长泰；文生生子杜旺，杜旺生二子九君、九臣。大清同治三年，杜旺携二子九君、九臣自密县胡地迁往禹州老场村。这也与禹州市苌庄乡石庙村西坡十七世发群家所珍藏轴子记载“旺公之子十世祖九君、九臣公”相吻合。

老场村，族人旧称“禹州老场故地”，地处禹密登三县交界处，是人文荟萃的山水胜地，亦是著名的岐黄文化发祥地。嵩山东南支脉荟萃山，向东蔓延形成环绕东南的天然屏障，荟萃山中心出脉，连环起伏有形，龙潭沟穿山过峡顺势南下，另有东西二河交汇南方，形成三面环水背靠青山之势。

山中有一座二古城寨，始建于明洪武年间。寨内道路为盘旋式建筑，东西南北走向，错落有序，是典型的因势而建土窑洞布局。寨内建筑墙壁多以鹅卵石垒砌，青苔累累，茅草萋萋，古朴凝重。古城寨东南角有一个三岔路口，它是古代南北往来的交通要道，往来行人往往要在此休息一夜再继续赶路，很早便在此地建有驿站，后来周边上慢慢形成了两个前后村庄，即老场村。

老场大桥

禹州杜氏祖坟即在古城寨东南500米处，坐东向西，后靠巍然屹立的牛头山寨山，玉带河环抱前方，山清水秀。家谱记载云：九君，卒葬禹州市苌庄乡老场，配吕氏，子：申；九臣，卒葬禹州市苌庄乡老场，配惠氏，子：钟。先是于老场河东葬三代，至九君、九臣则迁往西坡，二人双立祖。九君后世仍长居老场村，九臣两代后则南迁分往各处。老场河道石桥中央雕刻着醒目的"老场大桥" 四字，现属于禹州市苌庄乡石庙村。

自大清同治三年，旺祖之子九君、九臣公从密县迁禹州老场以来，祖业兴旺，人才辈出，历代诸多族人担任地方要职，造福地方百姓。杜家人秉承诗圣精神，耿直刚健，忧国忧民，敢于冲锋陷阵，保家卫国，在乡里亦博达儒雅，多出教师医生，教书育人，救死扶伤，享誉一方。

杜甫四十一世孙杜发群，为九君直系。自幼勤于学习，爱好广泛，擅于书画。2003年被人民日报聘为编辑记者；2004年加入中国杜甫研究会，参与杜甫文化研究，并受到两任会长和秘书长的好评；2012 年 2 月成立河南岐黄实业有限公司，任董事长兼法人代表；2013 年在香港注册成立了中国国际杜甫基金有限公司，下设四个协会：中国国际杜甫研究会、中国国际杜甫书画院、中国国际杜甫文化基金会、中华龙研究会；2014 年 6 月在河南省民政厅和文化厅登记注册，成立河南省杜甫文化基金会，并担任会长。杜发群一直致力于秉承华夏文明，保护文化遗产，并以弘扬杜甫精神为己任。近年来，协助杜甫三十九世孙杜填仓，深入钻研杜氏世系，上至杜康，下至近代，贯通史籍，疏通源流，并组织策划，精心编校，为《吾庐春秋：杜氏溯源》的出版付出了大量心血，为后人寻根问祖、研究诗圣文化，做出了一定的贡献。

正是：

祖碑载文旺后裔，大清迁禹老场居。

历代来往须连根，诗圣子孙情更密。

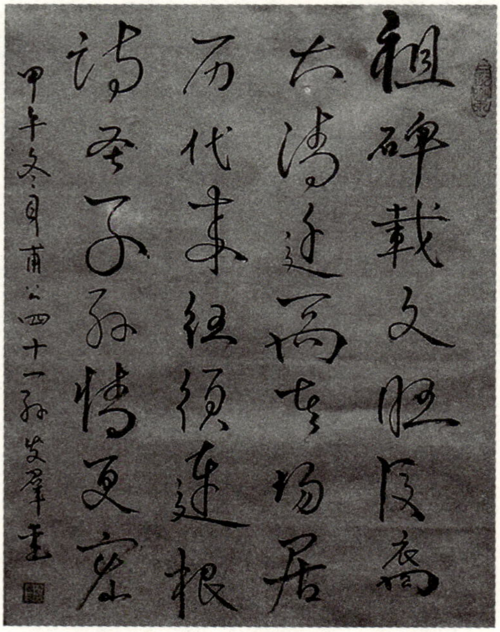

附　　录

杜氏族歌

序曲

昔有唐工部，天才颇绝伦。伟业垂千古，史诗举世闻。
匡时志受挫，逝者梦成真。广厦居寒士，华夏现尧舜。
吾祖寿诞至，一千三百春。瑶湾客流涌，祠殿曲巷深。
万方赞诗圣，瓣香化清芬。云门舞长袖，天籁动族魂。

正文

杜氏图腾
句龙造就
土木合文岁悠悠
鼻祖康公酿美酒
醉了英雄无数
拔剑壮志酬
先帝神尧
脉通夏商周
贤相良将贯史籍
始祖伯爵美名留
晋有远祖预公
降吴三国归一统
皇赐当阳成侯
吾宗讳甫
史诗绝律千余首
句句忠魂正气
骚坛圣誉耀九州
啊！看我先祖列宗
冠盖百世不朽
啊！念我先祖列宗
忧国忧民功垂千秋

今我圣人之后①
世食旧德
不敢忘本
不敢违仁
遗训严操守
今我圣人之后
斟满家酒同举杯
祝福族徽荣光
相映日月共长久

① 圣人指酒圣康公、德圣尧公和诗圣甫公。

祭祖大典祭文

合祭天地全神

时三冬，休百工，望乡明月，赤子葵倾，归心似箭，眷怀圣容。面南向，心至诚，礼有序，香火盛，感苍天，通神明，献玉帛，享祖宗。共欢新故岁，迎送今宵中。

忆上古，混沌中，宇宙为炉，造化为工，震雷裹电，开辟鸿蒙。五行生克，乾坤恒定，日精月华，银汉星空，四时寒暑，春夏秋冬，风雨霜雪，万物萌动。黄河西来，暴洪烈声，洛水东泻，清波翻涌，汇流飙旋，地坼天崩。九霄祥云，沧海蜃景，羲皇降世，木德施政，洛汭垒台，人神共庆，河图洛书，八卦浮动，点化爻辞，瞬变无穷，《易》传占卜，推验吉凶。教民结网，渔猎谋生。女娲补天，除魔治穷。炎帝神农，火德一统，遍尝百草，疗民祛病，发明耒耜，刀耕火种。唯我轩辕，文德武功，舟车指南，肇造文明，屯兵扎寨，具茨山项，建都密邑，龙山古城，溱洧之汭，秣马厉兵，演练八阵，将骁卒勇，征服蚩尤，四海归宁，黄帝宫前，万方朝圣，日夜狩猎，开国有熊，轩辕巨著，宝典四经，已明教化，习俗美盛，不禁而止，不令而行，象形造字，六书意弘，度长立极，黄历日精，挖穴而居，井田惠农，养畜罟鱼，庖厨充盈，嫘祖抽纱，衣帛颇丰，荆山冶铜，巨铸宝鼎，制币通商，泉刀五种，龙的传人，根系黄陵。陶唐称帝，广施仁政，德行善功，超凡入圣，历法授民，益农备耕，天降甘露，五谷丰登，协和万邦，坐拥百城，禅让虞舜，尧天世盛。虞夏商周，天道弘正，慎徽五典，禋于六宗，雅诰奥义，训迪承奉，以亲九族，平章百姓，地出礼泉，集来凰凤，麒麟来游，九州攸同。秦汉大唐，儒尊孔孟，道源老庄，百家争鸣，文景贞观，国运中兴，开元盛世，仓廪俱丰，行者百里，不持寸兵，丝绸之路，千载称颂。宋元明清，佛教盛行，商贾络绎，财气充盈，郑和航海，西洋震惊，蒙学持久，词曲颇精，康乾盛世，人丁方兴，艺林匠坛，巧夺天工，百业崛起，异彩纷呈。十九世纪后，天下遭不幸，列强入侵，欲毁华龙。辛亥革命，人民觉醒，驱寇平叛，江山一统，红旗飘，玉宇清，党领航，国民宁，改革潮，促振兴，华夏同心，弊绝风清，顺以天理，天赐瑞应，得益地利，地呈祥风，天地人和，福禄寿恒。吾族百口，祭奠祠中，首叩昭告，沥尽赤诚。

向天地献爵：初献（一鞠躬），亚献（再鞠躬），终献（三鞠躬）。

祭拜族根

昔有后土，帝臣句龙，土木之合，族徽永恒。陕中白水，天降酒圣，杜姓传人，鼻祖康公，喾帝三妃，赤龙感应，怀胎年余，尧公降生，慈母养育，伊侯国中。

皇位百载，火德柄政，先圣仁宇，训迪族荣。神尧投璧，地轴颤动，休气喷发，光满苍穹，河洛根深，龙脉纵横。初陶唐氏，夏封御龙，商豕韦派，周建杜城。

杜姓王赐，伯爵皇封。宣王昏庸，错杀伯翁。隰叔逃晋，士氏传承，历经八代，多为上卿，先世讳止，复吾杜姓，止祖玄孙，秦将赫公，南阳衍邑，世代簪缨。

赫祖曾孙，讳周盛名，汉武重臣，位列三公。元朔二年，豪迁茂陵。周子延年，

久典朝政，回归杜县，丕振祖风。曹魏壬寅，祖预诞生，自幼苦读，博学多通，晋招驸马，指授群雄，生擒孙皓，收复江东，三国归晋，华夏一统。邦于南土，建侯于荆，襄阳民谣曰：后世无叛由杜翁，孰知智名于勇功。《春秋》主解，稿隶亲躬，伏笔族史，冠盖家乘，支派百世，本正源清。殉职荆楚，墓葬邙岭，苍苍孤坟，独处高顶。

预公三子，吾祖耽公，随父伐吴，丰功垂名，凉州司马，世袭儒风。耽生顾祖，守边元戎。西海太守，播迁凉境。顾公生逊，始还关中，东晋太守，吏治魏兴，落户襄阳，史籍有凭。逊公生坦，机智沉勇，随从高祖，凯旋江东，伧荒之辩，颇涉史经。南北朝后，世禄龙廷，蟠根河洛，奕世于巩，笔架山下，人杰地灵。再叩圣地祥，月是故乡明。

向祖根河洛圣地及先祖神灵献爵，初献（一鞠躬），亚献（再鞠躬），终献。

祭诗圣及列祖列宗

预下十世，生依艺公，唐监察御史，吏治洛城，太宗钦差，兼巩州令。先君审言、闲以降，诞生于巩，奉儒守官，光耀祖宗。卢氏太君，妇道虔诚，临下以恕，仪表肃雍，如地之厚，从天之和，积德持恒。标格女史，唐义姑称，济无亲疏，爱无良贱，先人后己，孝养哀送，闺门遗芳，薰沐家风。

河汉魁星，辉映鸠龙，天降诗王，万古圣名。诗圣吾祖，古碑见证，金石铭曰：祖籍襄阳府，始祖唐工部，讳甫字子美，迁巩州越数十世，仓、厥祖至大

明年间始迁于密，莽河东康家楼。

下传五世，国太公生，代代相衍，承先家风。胄徙杜村，脉系邙岭。雍正九年，本贯移动，祖兴北迁，老城后关，暂立门庭，兴子长泰，长泰生天奎，天奎生西公，三代单传，为人实诚，勤俭治家，农桑颇精。

西祖北徙，瓦窑沟中，虽居寒窑，地脉通灵，南眺洧水，北枕青屏，东依古郐，西抱嵩峰。感日之光，贯月之灵，瑞气盈门，家殷人兴，秋、保、奇、秀，同胞弟兄，不惧磨难，戮力心同。披荆斩棘，男耕女织。

晚清民国，忧患频仍，烟毒加炮舰，血雨腥风，割土赔银，国破民穷，旱蝗兵祸，民不聊生，饥人相食，十室九空。春回斗转，睡狮猛醒，黎明曙光，万紫千红，党旗招展，唤起工农，八一炮响，南战北征，驱狼逐虎，除恶治穷，自励自强，社稷兴隆，族运日昌，柳暗花明。甲辰赔迁，离别古井，规划新村，沟西扎营，平地起屋，瓦兰砖青，九队巨变，楼房纵横，风淳俗朴，田园美景，休养生息，福寿康宁。墓地同迁，三地扎茔，坟山贯气，地脉贯通，宗殡新冢，魂笑九重。

仓、亭不才，继承祖风，安家立业，如牛负重，乐善好施，守正扬清，孝亲尊长，乡里羡敬，本支百口，睦邻族荣。倡修家谱，协和金亭，炳森炳旺，众志成城，组织编委，各有分工，跋山涉水，披星戴月，寻根万里，一市八省，三年有余，族贺谱成。

众仪修庙，誓圆先梦，吾门老小，一呼百应，三选宝地，建资共融。丙戌九九，庙峻大庆，大殿面南，厢房坐东，门楼高雅，碧瓦辉映，银杏枝茂，龙柏长青，碑铭楹联，画龙点睛，冠五篆刻，鬼斧神工，相得益彰，祠境恢弘，显祖就位，百神巡行。

文曲星降，天惊地动，揭幕瞬间，惠风助晴，群心振荡！吉日碧空，唢呐劲吹，盘鼓欢腾，近乡邻县，稠人广众，八方来贺，扬威家声。送腊迎春，乐世升平，万家笑语，九州欢庆。

诗圣子孙，唯敬唯诚，缅怀先人，倍增思情，肃瞻神殿，圣怡雍容，父母慈善，祥和安宁，列祖相依，静坐听禀，笔架山胄，脉通请浓，修身齐家，诗史为镜，承祖耿光，气宇恢弘，素朴以守，作为方正，忠国怜民，仁本善行，敦睦守信，克己奉公，时逢盛世，安富尊荣，兴利除弊，惠及苍生。谋发展，勿折腾，奔小康，享太平。

心香炷炷，三祭神灵，祖武伟业，上启下承，福星降祠，鸾凤和鸣，祈祖安息，祭祀礼成。呜呼！以此告慰，伏维尚飨。

向列祖列宗神灵献爵：初献（一鞠躬），亚献（二鞠躬），终献（三鞠躬）。

唐检校工部员外郎杜君墓系铭并序(译文)

元稹原作　　康若望语译　　张明仁篆刻

序文云:我读诗到杜子美而明白诗有大家小家的总聚荟萃。最初在尧舜时,君臣之间月意义连续的歌谣相唱和,此后诗歌创作继续,经历了夏、殷、周一千多年,由孔子加以搜集整理,删粗存精,选取其中有关教化的优秀篇章,汇集成三百篇,其余的诗歌都看不到了。

后来,以《离骚》为代表的楚辞出现,抒发怨愤情绪的内容多起来,然而还因距离《诗经》中"国风"、"大雅"的时间不远,尚可能互相比拟,与教化相关联。秦汉以后,朝廷废除了采诗官,普天下的民间讴谣,歌的颂的讽喻的铺陈的,小曲度调嬉笑戏谑的辞章,也还随时间或有作。至汉武帝刘彻写了《柏梁》诗,七言的诗体慢慢兴起。苏武李陵这些人,尤其擅长五言诗。虽然断句读法各不相同,高雅淫俗的声音也相互掺杂,但词意简明深远,叙事抒情,自然不是有为而为,那诗文也不是胡乱写作。

建安以后,天下的文人学士,遭遇了兵灾战乱。曹操父子,在骑马打仗的间隙吟诗作文,常常是横握长矛即兴赋诗,他们那些风格悲壮抑扬顿挫叹冤抒哀感怀乱离的诗篇，尤其接近于古代风雅。晋时这种诗风气概还稍稍存续。到宋齐之间，风俗教化失去根本，文学士子以简忽怠惰娇揉造作掩饰，舒缓轻慢为司相推崇，写文章以风花容色鲜润放荡浮艳清丽为高尚，大多是吟写性灵流连光景内容空泛的文章，教化意义，风格骨力，确实没有什么可取法的地方。衰退之势到了梁陈时代，浮华艳丽刻画粉饰轻佻弄巧小屑琐碎的文词更加严重，又是宋齐时代所不屑取法的。

唐朝兴起，官方之学大大振起，历代的诗文，才能卓越的交互出现。而又有沈佺期、宋之问这些人，钻研揣摩精深切实，句稳意顺声韵谐和，叫作律诗。从此以后，文体的变化达到了极点。然而，莫不是爱好古体的遗弃轻视了近体，务求华丽的缺乏实在的内容；效法齐梁文风的则赶不上魏晋风骨，工于乐府的则其才力于五言诗有所屈曲，声律虽然切合但是骨力风格失去了，而散漫闲暇之作则纤巧秾丽的特点就不存在了。

至于杜子美，可以说是溯源而上逼近："国风"、"离骚"，顺流而下囊括了沈佺期、宋之问，其言词胜过苏武李陵，其气势足以吞没曹植、刘桢，掩去了颜廷之、谢灵运的孤高，杂糅了徐陵、庾信的流畅清丽，完全具备了古人的文体气势，而兼有今人的所有独到之处。假使孔子再生，考查锤炼杜甫诗作的精要神旨，还不知他会推崇总结出多少宝贵之点呢！如果把他能达到别人不能达到的境界，没有什么肯定说"可"，也没有什么可以说"不可"，那么自诗人以来，没有一个能比得上杜甫的。

这时候居住在山东的诗人李白，也是以奇思妙文为人们称赞，当时人们称他们为"李杜"。我观察李白诗文壮阔浪漫，纵情恣意，摆脱了拘束，模拟描写风物形象，以及他的有关乐府体裁的诗歌，确实也可以与杜甫并肩而立了。至于像铺陈叙事，从始至终，构思严谨，排律比附，声韵铿然，长篇有的达到千言，次长的也有数百言，那辞气豪壮雄迈，而风格情调清纯深沉，对仗工整，声律切合，摒弃了凡庸浅近，可以说，李白还不能到达杜甫的篱笆立柱边，更何况登堂入室呢！

我曾经打算对杜甫诗文进行仔细分析，理清其体裁，分别归类，给予后来读者一个统一的标准。但是因为身体病弱又懒于从事，故没有成就此事。恰好遇到杜甫的孙子嗣业，到岳阳打开了杜甫的灵柩，准备将子美遗骨运回偃师祭祀安葬，中途经过荆州，雅知我喜欢宣传表扬他祖父的诗文，拜请我为之写一篇墓志铭。言词恳切不能拒绝。我因此就按照杜甫的远祖世系为官门第写下来，直至杜甫终葬之地，成为这篇墓志铭文。

世系云：西晋当阳成侯姓杜氏，传下十世而生杜依艺，作巩县县令。依艺生子杜审言，审言擅长作诗，做官至膳部员外郎。审言生子杜闲，闲做官奉天县令。闲生子杜甫，字子美，玄宗天宝年间献《三大礼赋》，唐玄宗很赞誉，命宰相考试他的文章，杜甫文章很出色，被授官右卫率府胄曹。不久爆发安史之乱，京师长安失守，杜甫徒步到凤翔行在拜见肃宗，拜官左拾遗。一年以后，因敢于直言失去左拾遗官，离开长安去做华州司功参军，不久又贬为京兆功曹。好友剑南节度使严武向朝廷推荐杜甫为工部员外郎，做幕府参谋。没多久，又离开，乘船出三峡到湖北湖南一带，最终以漂泊无定居而去世，客葬在岳阳，享年无五十九岁。

杜甫夫人乃弘农杨氏女，她父亲是司农少卿杨怡，她活了四十九岁。其子名宗武，贫病而不能完成归葬父亲的责任，死前交代他的儿子嗣业，嗣业也因家贫无力完成丧葬之事，于是收拾准备，乞求人助，昼夜焦思劳苦，距杜甫去世四十余年之后，终于完成了先人的遗愿，也十足是件大难事啊。

铭文云：唐宪宗之和癸巳年(813)年某某日，佳吉时辰，合葬我杜甫遗骨于偃师首阳山前：呜呼哀痛，千载以后，人们也当记住，这里是一代文宗杜先生之古坟。

（康若望，1939年出生，河南巩义市人，巩义二中高级教师，曾任郑大学升达经贸管理学院校刊社社长兼主编，教授职称。河南省作家协会会员，河南省杜甫研究会理事，河南省诗词协会会员，巩义市杜甫故里诗词学会副会长。一生从事文学创作，已出刊诗集纪实文学等几十册。）

杜氏宗祠楹联和图腾

杜氏宗祠正门楹联：

上联：门望必从忠孝节义起

下联：家声赖以勤耕苦读来

横批：杜氏宗祠

——杜甫三十九代孙填仓撰联

宗祠门内楹联：

上联：晋驸马冠族百世根盘邙岭秀

下联：唐工部诗史千秋圣地巩梅春

横批：吾庐春秋

——杜甫三十九代孙填仓撰联

宗祠大殿门联：

上联：扶木后土毓尧胄，启沃淳朴之俗，英灵降祧族茂麟趾

下联：至圣先哲倡甫裔，襟怀天下忧乐，丹心贯祠宗固盘石

横批：德泽后世

——杜甫三十九代孙填仓撰联

诗圣像前楹联：

上联：诗圣才名括天下

下联：文章光芒万丈长

横批：冠古轶今

——杜甫三十九代孙填仓撰联

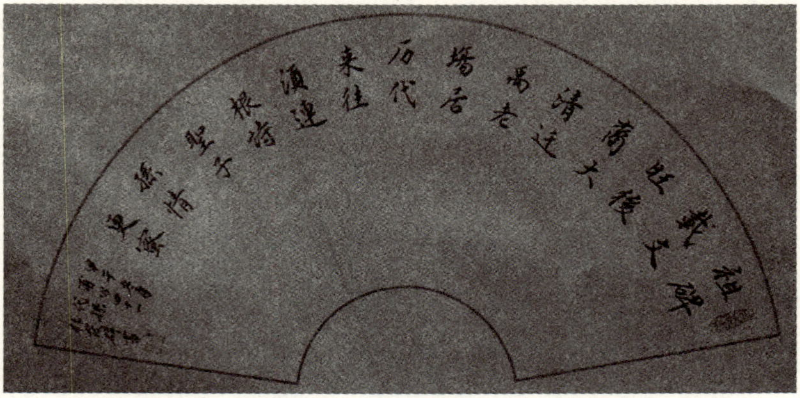

杜发群撰书

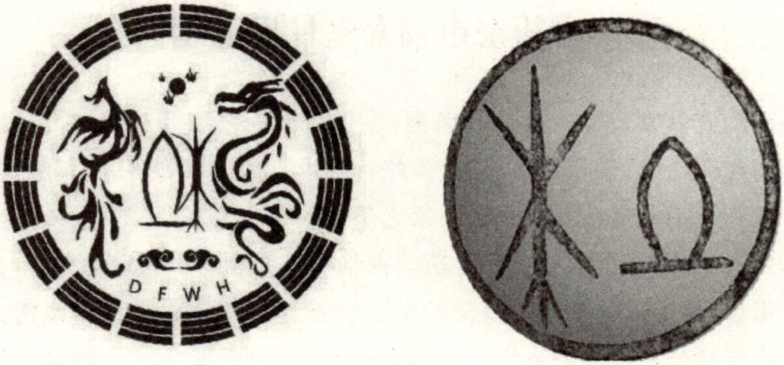

杜氏图腾

此图为杜氏图腾。图腾是古代氏族的族徽，杜姓是炎帝第七世后土句龙以土为图腾而来。句龙是共工之子，以平治水土有功而世称后土，成为轩辕黄帝的佐臣。建木(建木又称扶木，扶桑，是古代神话传说中的一种树木，用来观测太阳的高度，以此来制定历法)与土合文为杜。

杜氏族徽楹联：

上联：土木合文与日月同辉龙翔凤翥昭天下

下联：图腾万象垂千古不朽荣光休气佑子孙

横批：弘道养正

——杜甫三十九代孙填仓撰联张明仁书

河南省新密市福寿堂杜氏宗祠简介

河南省新密市福寿堂杜氏宗祠,建于农历丙戌(2006)九月九日。宗祠位于新密市南郊,东依郐城,西抱嵩峰,南眺洧水,北靠青屏,瞻祠景耀,璀璨夺目。它是本支杜氏祭奠列祖列宗之圣地。

宗祠风貌别致,富有文化含蕴。祠堂内供奉有列祖列宗的神位,另有从鼻祖康公、始祖伯公至源祖预公的世系表石刻以及晋驸马都尉镇南大将军当阳成侯预公一脉的世系纲石刻等,充满了历史的厚重感。同时宗祠内有大量书画名作,如有我国书画巨匠范曾先生创作甫公肖像与《杜公赞》赋,著名的民间书法以及雕刻艺术大师张明仁的精湛作品,李国禄、高茀堂等书画名家制作杜氏起源、流变的历史画卷,另有毛泽东手书甫公《登岳阳楼》墨宝、诗仙李白作《鲁郡东石门送杜甫》等。诚如唐代大诗人韩愈所言:"李杜文章在,光焰万丈长!"

十余年前,本支没有家谱,宗亲关系梳理不清,同族辈分混乱不堪,胡喊乱应常惹笑谈。族人如同无根之木,无源之水,长期处于迷惘窘境之中。幸苍天赐福,先祖显灵,指点族人金柱等,在超化镇湖地杜家沟回龙山杜氏老坟边,出人意料地出土一方祖茔古碑。此碑乃先祖秉仁公于大清道光十一年(1831)岁次辛卯十一月初一日立。碑文开篇即曰:"祖籍襄阳府,始祖唐工部讳甫字子美,迁巩州越数十世,仓、厥祖至大明年间始迁于密……"碑文指明吾族籍贯乃襄阳府,后迁巩州越数十世,仓、厥祖二人在大明年间迁到密县,吾族祖先正是举世闻名的诗圣甫公。

族人闻此,欣喜若狂。笔者带领炳旺、炳森、田玉兰等五人,奔波豫、陕、甘、晋、蜀、鄂、皖、湘、渝八省一市,进行"怀祖觅迹万里行",为修续族谱收集了大量的珍贵资料。经族众戮力同心的奋斗,本支族谱终于在2001年秋成稿。《杜氏族谱》的完成,深受族人的称赞,同时也引起社会各方面的关注,取得巨大的反响。近几年,又历经严寒酷暑,翻经阅典,再修《杜甫世系考》,编修《吾庐春秋:杜氏溯源》。这些工作的完成,使得后人知晓吾族不仅有根,而且是根深叶茂,吾族不仅有源,而且源远流长,具有重要的意义。

杜氏宗祠的修建,以及《杜氏族谱》、《杜甫世系考》、《吾庐春秋:杜氏溯源》等书籍的编修,体现了本支杜氏敬天法祖、慎终追远的精神。它昭显祖先功德,激励后世子孙;同时以血缘关系为纽带,将本支全体宗族成员紧密地联系在一起，形成一种强大的亲和力与内聚力。目前，杜氏宗祠已成为吾族的精神家园，是杜氏子孙心中永恒的庄严圣地，是杜氏后人忧国忧民奋斗不息的动力源泉，更是全族同胞风雨同舟进退相携的精神纽带。

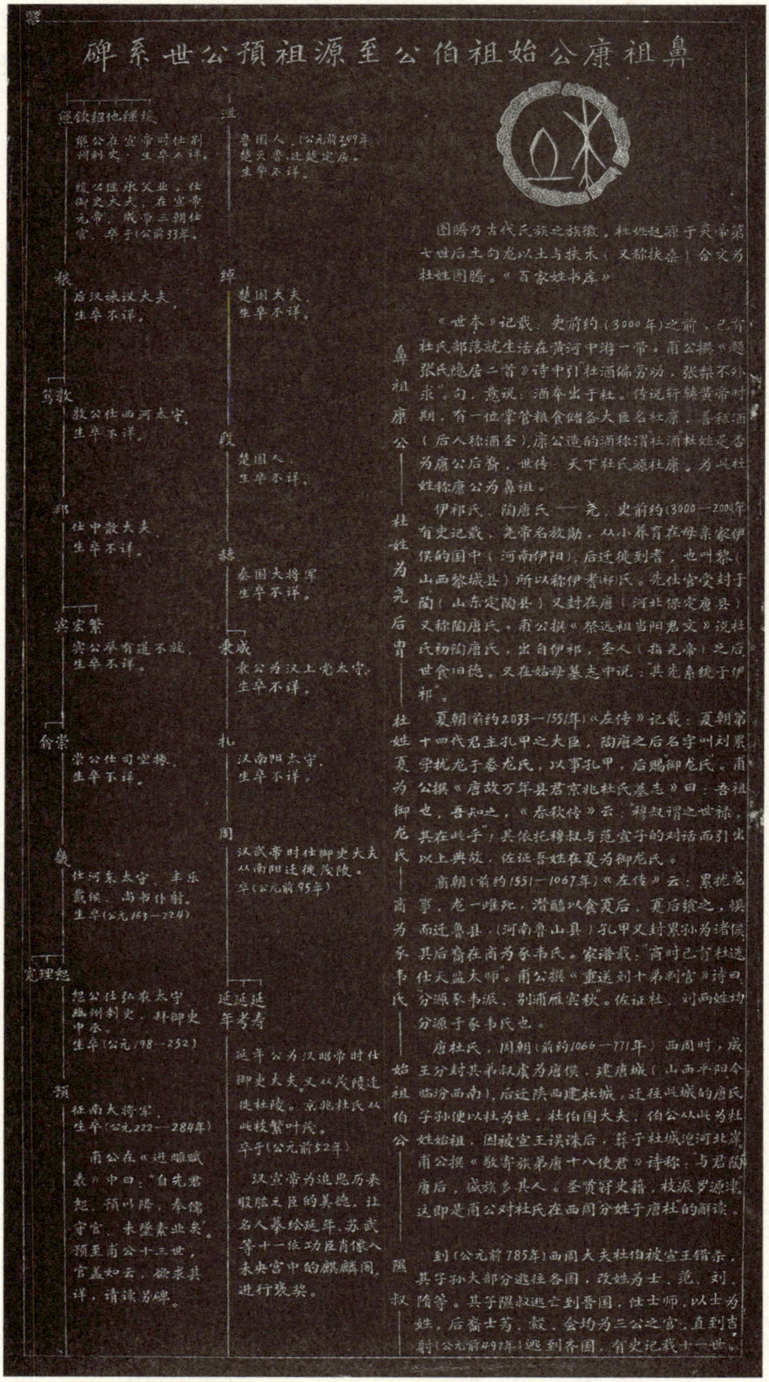

鼻祖康公始祖伯公至源祖預公世系碑

图腾乃古代氏族之族徽。杜姓起源于炎帝第七世后土句龙以土与扶木（又称扶桑）合文为杜姓图腾。《百家姓书库》

鼻祖康公

《世本》记载，史前约（3000年）之前，已有杜氏部落就生活在黄河中游一带。甫公撰《题张氏隐居二首》诗中引"杜酒偏劳劝，张梨不外求"。句，意说：酒本出于杜。传说轩辕黄帝时期，有一位掌管粮食储备大臣名杜康，善酿酒（后人称酒圣），康公造的酒称谓杜酒杜姓是否为康公后裔，世传：天下杜氏源杜康。为此杜姓称康公为鼻祖。

杜姓为尧后胄

伊祁氏、陶唐氏——尧，史前约（3000—2000年）有史记载，尧帝名放勋，从小养育在母亲家伊侯的国中（河南伊阳），后迁徙到耆，也叫黎（山西黎城县）所以称伊耆（祁）氏。先仕官受封于陶（山东定陶县）又封在唐（河北保定唐县）又称陶唐氏。甫公撰《祭远祖当阳君文》说杜氏初陶唐氏，出自伊祁，圣人（指尧帝）之后世食旧德。又在姑母墓志中说："其先系统于伊祁"。

杜姓夏为御龙氏

夏朝（前约2033—1551年）《左传》记载：夏朝第十四代君主孔甲之大臣，陶唐之后名字叫刘累学扰龙于豢龙氏，以事孔甲，后赐御龙氏。甫公撰《唐故万年县君京兆杜氏墓志》曰：吾祖也，吾知之，《春秋传》云："穆叔谓之世禄，其在此乎"！其依托穆叔与范宣子的对话而引出以上典故，佐证吾姓在夏为御龙氏。

商为豕韦氏

商朝（前约1551—1067年）《左传》云：累扰龙事，龙一雌死，潜醢以食夏后，夏后飨之，惧而迁鲁县（河南鲁山县）孔甲又封累孙为诸侯，其后裔在商为豕韦氏。家谱载："商时已有杜选仕天监太师"。甫公撰《重送刘十弟判官》诗曰："分源豕韦派，别浦雁宾秋"。佐证杜、刘两姓均分源于豕韦氏也。

始祖伯公

唐杜氏，周朝（前约1066—771年）西周时，成王分封其弟叔虞为唐侯，建唐城（山西平阳今临汾西南），后迁陕西建杜城，迁往此城的唐氏子孙便以杜为姓。杜伯国大夫，伯公从此为杜姓始祖，因被宣王误诛后，葬于杜城滈河北岸。甫公撰《敬寄族弟唐十八使君》诗称："与君陶唐后，盛族多其人。圣贤冠史籍，枝派罗源津"。这即是甫公对杜氏在西周分姓于唐杜的解读。

隰叔

到（公元前785年）西周大夫杜伯被宣王错杀，其子孙大部分逃往各国，改姓为士、范、刘、隋等。其子隰叔逃亡到晋国，仕士师，以士为姓，后裔士蒍、縠、会均为三公之官，直到吉射（公元前497年）逃到齐国，有史记载十一世。

湛

鲁国人，（公元前249年楚灭鲁，迁楚定居。生卒不详。

绰

楚国大夫，生卒不详。

段

楚国人，生卒不详。

赫

秦国大将军生卒不详。

秉　威

秉公为汉上党太守，生卒不详。

札

汉南阳太守，生卒不详。

周

汉武帝时仕御史大夫从南阳迁徙茂陵。卒（公元前95年）

延年　延考　延寿

延年公为汉昭帝时仕御史大夫。又从茂陵迁徙杜陵。京兆杜氏从此枝繁叶茂。卒于（公元前52年）

汉宣帝为追思历来股肱之臣的美德，让名人摹绘延年、苏武等十一位功臣肖像入未央宫中的麒麟阁，进行褒奖。

熊　钦　绍　他　继　缓

熊公在宣帝时仕荆州刺史，生卒不详。

缓公继承父业，仕御史大夫，在宣帝、元帝、成帝三朝仕官，卒于（公前33年。

褑

后汉谏议大夫，生卒不详。

笃　敦

敦公仕西河太守，生卒不详。

邦

仕中散大夫，生卒不详。

宾　宏　繁

宾公举有道不就，生卒不详。

翕　崇

崇公仕司空掾，生卒不详。

畿

仕河东太守、丰乐戴侯、尚书仆射。生卒（公元163—224）

宽　理　恕

恕公仕弘农太守、幽州刺史，拜御史中丞。生卒（公元198—252）

預

征南大将军，生卒（公元222—284年）

甫公在《进雕赋表》中曰："自先君恕、预以降，奉儒守官，未坠素业矣"。预至甫公十三世，官盖如云，欲求其详，请读另碑。

河南省新密市杜氏宗祠　世系表一

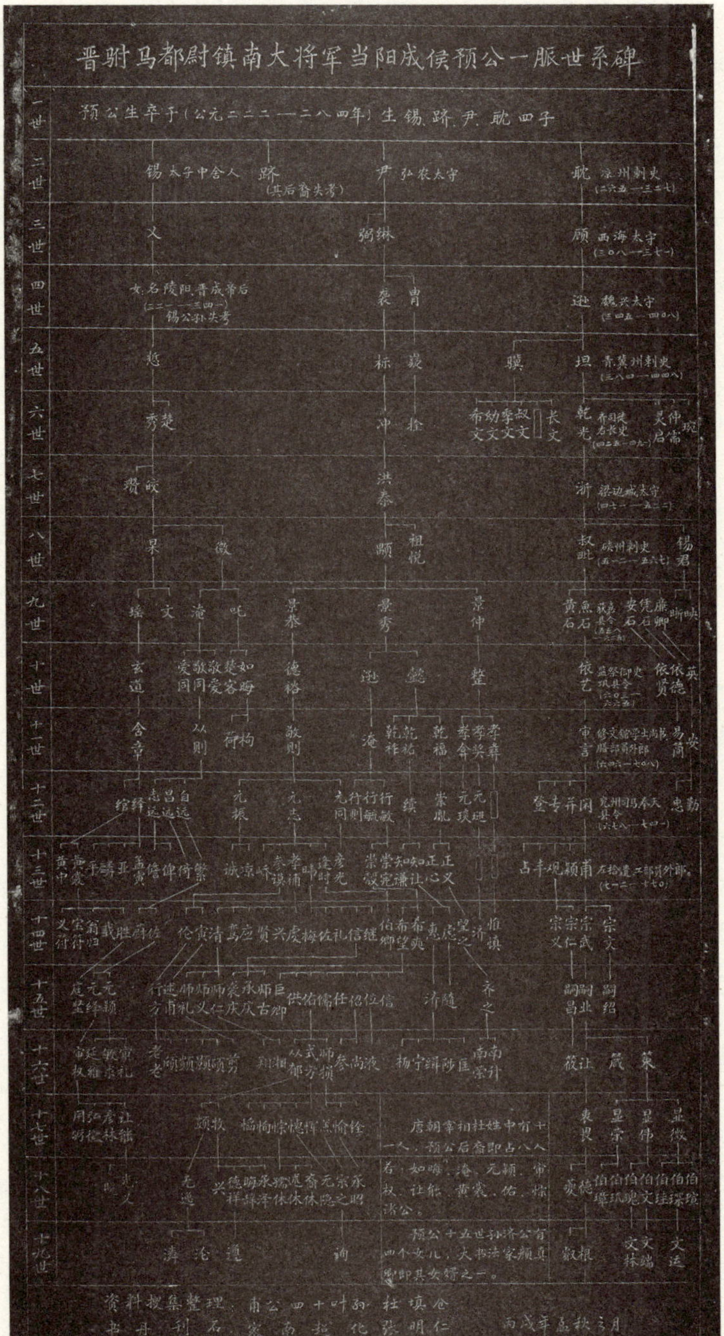

河南省新密市杜氏宗祠　世系表二

后　记

中华五千年的颂歌传递着华夏文明，四千多年的文明史成就着厚德载物。中华儿女是龙的传人，五十六个民族滋生的百家姓氏源流，承载着中华民族的繁衍生息。新一届国家领导人治国安邦，指明了实现中国梦的决心，奠定了中华民族的伟大复兴，共和国的太平盛世。在这个光辉的历史时刻，我们的《吾庐春秋：杜氏溯源》丛书正式出刊了。此书以世系纲为主线，把本族历史沿革和家族人物主要事迹言论以辈分排序，进行比较客观的描述，尊重历史，依托实际，纠正了诸多有关杜甫世系的书刊中一些不当错落、年份不清等问题。该丛书疏通杜氏家族的历史源流，以诗圣杜甫为中心，上溯康尧伯预，下该近代谱系，考镜源流，贯通史籍，填补了目前杜氏家族源流考的诸多空白，为中国族谱文化做出了贡献。

该丛书的出版，首先要感谢杜甫的三十九世孙杜填仓(我的本家爷爷)。他从花甲到古稀，冬寒夏暑，秋霜春露，卧居穹庐，不辞辛苦，夜以继日地披阅史籍，博览经典，还经常实地考察，为辨清世系精耕不辍。我曾多次登门拜访，老人家对我热情叮嘱，其专注和敬业的精神深深感动了我。我劝他注意身体，他坚定地说，如果有生之年能为杜氏家族编著出版《吾庐春秋：杜氏溯源》以及《杜氏家谱(再续)》，再辛苦也值得。杜氏家族世代圣贤，荣光显耀，然而后人学习不够，令人深感惭愧。爷爷还自豪地说，他的写作得到老祖宗赋予的智慧和灵感，“说来也怪，有时一件事、一句诗、一段话、一个词解释不清，夜深人静时或在梦幻中，倾听诗圣隔空教诲，并能从他那里不断得到启示和点化，又总是被甫公那孜孜不倦、百折不挠的人生态度所激励。休息片刻，感悟初醒，精神大振，很快领悟贯通，继续创作”。

俗语云，成功男人的背后离不开贤内助。杜爷爷的妻子田玉兰，知情达理，体贴入微，她细心地照料杜爷爷的日常生活、衣食住行，使其得以全身心地投入到研究创作中。杜爷爷的学业成就与本书的出版，离不开田玉兰女士的贡献。

为了促成《吾庐春秋：杜氏溯源》丛书早日问世，以河南省杜甫文化基金会为平台，成立了由青年学者林天泉和高思莉等组成的《吾庐春秋：杜氏溯源》编辑部，协助杜爷爷策划汇编，整理图文，校订修正，并替年迈的杜爷爷走访有关专家，得到了专家们的好评与支持。中国杜甫研究会副会长、诗词协会会长林从龙先生，亲自泼墨挥毫，为本书作杜甫诞生地诗歌一首。中国杜甫研究会原会长、陕西师范大学教授霍丛林先生，嘱托林从龙先生安排中国杜甫研究会副会长兼秘书长、河南省社科院教授葛景春先生代笔题写“弘扬诗圣文化责无旁贷，传承杜甫精神后继有人”楹联一副。葛景春先生还在百忙之中认真审阅文稿，提出宝贵意见，并诚挚地为本书撰写了序言。中国杜甫研究会理事，河南省社科院巩义杜甫研究所副所长兼秘书长姜海宽先生是杜氏文化和杜甫文化研究的专家，他几十年如一日，为杜氏修谱和出版杜甫年谱等做出了贡献。湖南大学法学院教授、博士生导师杜钢建院长，博学多才，劳苦功高，是杜家人的骄傲。杜院长热情指导出刊意向，审阅本书并编著春秋战国时期至黄帝时代五部分世系考，定为本刊的序言。中国杜甫研究会理事、郑大升达学院教授康若望先生审阅本书后深表肯定，并把唐朝元稹大师撰写的《唐检校工部员外郎杜君墓系铭并序》译为白话文并添加了注解。

河南省杜甫文化基金会对杜甫文化研究的热忱以及研究成果，也吸引了社会各方面的关注。本人曾受邀参加自然门一代宗师、孙中山先生贴身护卫杜心五先生 145 周年学术研讨会，认识了与会专家老师和全国杜氏研究的族人及知名人士，并在会上作了发言。会后，来自江西杜氏文化研究的杜素林会长、四川重庆的杜氏研究杜明才会长和杜全书秘书长、河南杜氏文化研究的杜东方秘书长，主持召开了座谈会，为弘扬杜氏文化，探讨拟定成立中华杜氏研究会筹委会。金秋十月，受甘肃省杜甫研究会的邀请，参与了天水和四川杜甫学会及成都杜甫博物馆共同举办的“2014 年天水杜甫学术研讨会”，与会同桐树苞会长、聂大受秘书长、张志烈会长、王飞馆长、天水宣传部、文联领导等专家老师对杜氏文化与杜甫文化源流探讨座谈，并在会上演讲，取得良好反响。

杜甫一生颠沛流离，却不忘忧国忧民，写下大量不朽诗篇。杜甫文化博大精深，研究杜甫文化，需要付出大量的艰辛与努力。国内外研究杜甫文化大多数都是外姓人，杜氏家族参与的少，杜甫后裔少之又少。笔者自从加入中国杜甫研究会以来，受到两任会长和秘书长的好评。一位会长感叹，终于有杜甫后人参与研究了，叮嘱笔者要自觉肩负责任和使命，使诗圣文化传承后继有人，杜甫精神发扬光大。

纵观历史风云变幻，杜氏家族历朝历代圣贤辈出，光宗耀祖，为后人做出了榜样。颂曰：祖宗酒圣杜康酿造美酒，醉了无数英雄拔剑壮志酬；伯公传之以仁义礼智信，其后列之以公侯伯子男；预公指授群师，平东吴，三国归一统；审言公炳灵翰林，研几策府，独秀于朝端；甫公诗圣才名传天下，文章光芒万丈长。始祖祖籍襄阳，徙居巩州，大明迁密，明裔君、臣，清时落户禹州。根系圣贤，惠育后人。

笔者自加入中国杜甫研究会以来，深感责任重大，尽心尽责，不遗余力地为杜甫研究事业而努力。但担当这个重任也常感吃力，活动的组织和会议的召开缺乏足够的经费，往往都是自己垫付费用。如果不扛着这面旗帜又感到失职，对不起老祖宗，更对不起对我期待的研究会领导。没办法，只有勇往直前，去省厅、上北京调档案，组织年会策划活动，动脑筋，想办法，终于在 2014 年 6 月 10 日在河南省民政厅和文化厅注册备案，正式成立了河南省杜甫文化基金会，面向社会接受杜甫文化的崇拜者和爱好者及国际友人的公益捐赠、爱心资助，这为杜甫文化研究奠定了基础。同时通过这个平台，学习杜甫精神，搞好公益事业。

此书的出版，离不开杜填仓先生的精心编著，离不开顾问组专家老师的大力支持，离不开编委会成员的辛勤努力。由于时间仓促，疏漏在所难免，望各位老师和读者多提宝贵意见！

杜发群于郑州
2015 年 1 月 19 日